EDUCAÇÃO E CLASSE SOCIAL

O PAPEL DA CLASSE MÉDIA NA FORMAÇÃO DO SISTEMA DE EDUCAÇÃO PÚBLICA, NA FRANÇA (1880-1940) E NO BRASIL (1889-1940)

Décio Saes

EDUCAÇÃO E CLASSE SOCIAL

O PAPEL DA CLASSE MÉDIA NA FORMAÇÃO DO
SISTEMA DE EDUCAÇÃO PÚBLICA,
NA FRANÇA (1880-1940) E NO BRASIL (1889-1940)

Edição, revisão técnica e capa

Laurent de Saes

São Paulo

2020

Índice

Apresentação

A pesquisa sociológica de que resultou a redação deste livro foi orientada pela seguinte questão: que grupo social dirige a empreitada de formação da Escola Pública durante um processo de transição para o capitalismo? Sobre tal questão, nossa posição teórica geral é a de que nenhum segmento da classe dominante (frações da burguesia, aristocracia rural) tem interesse econômico e/ou político na instauração do ensino público, gratuito e obrigatório, por mais que algum desses segmentos busque a educação para os seus filhos e considere relevante a transmissão de uma certa ideologia para as classes dominadas.

Do mesmo modo, os trabalhadores não revelam uma tendência clara a atuar a favor da obrigatoriedade do ensino e da universalização da educação. Esse tipo de inclinação entraria em choque com um comportamento educacional aleatório, que é uma dimensão típica do comportamento social global das classes trabalhadoras. É, como se sabe, um elemento fundamental da reprodução material das famílias trabalhadoras a conservação da possibilidade de circulação constante das crianças entre escola e mercado de trabalho.

Resta, assim, um único grupo social suscetível de dirigir o processo de instauração da Escola Pública: a classe média. Sendo praticantes de atividades não manuais, os trabalhadores pertencentes a essa classe intuem que a sua ascensão na hierarquia do trabalho depende estritamente da valorização do trabalho intelectual. Ora, a Escola Pública é a instituição capaz de promover essa valorização, já que encarna o universalismo do Estado burguês moderno; e difunde de maneira ininterrupta o Mito da meritocracia.

Para testarmos nossas ideias teóricas, escolhemos abordar, por meio de uma análise sociológica comparada, dois países onde a Escola Pública teve de se implantar num processo de luta ideológica e política contra a Igreja Católica, tradicional adversária da educação pública e laica: a França e o Brasil. Na França, o movimento radical e republicano, típico representante da classe média, dirigiu, desde a década de 1880, a luta pela instauração do ensino público, gratuito e obrigatório, enfrentando a aristocracia, a Igreja e, num grau menor, a própria burguesia. No Brasil, a classe média emergente começou, já no fim do Império, a luta pela implantação da Escola Pública em regiões mais desenvolvidas, como São Paulo e Rio Grande do Sul. Essa luta prosseguirá, já em nível nacional, após a Revolução de 1930, que inicia a implantação, por etapas, do ensino público, gratuito e obrigatório no Brasil.

Há uma semelhança básica entre esses dois casos históricos de instauração da Escola Pública: em ambos os processos, é a classe média que desempenha o papel dirigente. Há, entretanto, uma diferença entre os dois casos. Na França, a luta da classe média é ideologicamente mais radical, pois ela luta contra a aristocracia (que recuperou boa parte do seu poderio após a restauração da monarquia) e a poderosa Igreja Católica (que não logrou ser destruída pelo processo de "descristianização" iniciado a partir da Revolução Francesa). Por isso, a classe média francesa buscará criar uma instituição escolar que transforme as crianças em **cidadãos**; isto é, em indivíduos independentes dos poderes tradicionais. E é em razão de sua dimensão democrática que a ideologia positivista da solidariedade se incorporará ao núcleo da ideologia escolar francesa, mesmo que no corpo docente e na direção escolar se instaure uma convivência entre diferentes segmentos progressistas e anticlericais.

No Brasil, a classe média emergente, para se valorizar socialmente, terá de se confrontar menos com a aristocracia imperial (institucionalmente fraca, por não ter caráter hereditário) e com a Igreja (destituída de laços sólidos com Roma, desde a conquista da Independência); e mais com o Estado escravista imperial, instaurador de estamentos e distribuidor de privilégios jurídicos (legais ou costumeiros). Esse choque entre a vocação antimeritocrática e anti-igualitária do Estado e a aspiração da classe média ao surgimento de uma sociedade "aberta", valorizadora dos talentos, levará os jovens republicanos a se inclinar para uma ideologia liberal individualista de inspiração spenceriana ou darwinista, que se converterá em elemento nuclear da ideologia escolar republicana em formação no último quartel do século XIX . A Escola Pública republicana não terá, no Brasil, o mesmo compromisso com o ideal de cidadania (conversão de cada criança pobre num ser independente dos poderes sociais), seja na Primeira República, seja no período pós-revolucionário.

Depois de 1930, finda a "ilustração brasileira" (período de difusão do positivismo, do evolucionismo, do spencerianismo e do darwinismo), o pragmatismo filosófico de Dewey assume importância na ideologia escolar nacional, embora a esse fenômeno sobretudo ideológico não corresponda uma real implantação dos métodos pedagógicos da Escola Nova no Brasil.

A Escola Pública republicana assumiu, portanto, uma configuração menos democrática no Brasil que na França, em razão da diferença entre os processos sócio-históricos que levaram à formação dessa instituição num e noutro país.

*

Para finalizar esta apresentação, quero externar meus agradecimentos à Universidade Metodista de São Paulo, pelo apoio institucional e material dado à realização desta pesquisa.

Décio Saes

Introdução

Este trabalho se insere dentro de uma modalidade específica de pesquisa sociológica: a Sociologia Comparada. Karl Mannheim define essa modalidade nos seguintes termos:

> A *Sociologia Comparada* constitui uma transição da Sociologia geral para a Sociologia Dinâmica. Trata principalmente das variações históricas de um mesmo fenômeno e tenta encontrar, por comparação, os aspectos gerais que devem ser isolados dos aspectos individuais. Pertencem a esse setor os estudos comparativos de instituições como o casamento, a família, o direito, a educação, o governo (MANNHEIM, 1962: 39).

No rastro de Mannheim, Florestan Fernandes conceitua essa disciplina do seguinte modo:

> A Sociologia Comparada propõe-se a tarefa de estudar esses padrões de integração e de diferenciação dos sistemas sociais globais de duas maneiras. Em uma escala filogenética, acompanhando as gradações assumidas pela interação social nas diversas formas de vida. Ou segundo intuitos

> classificatórios, procurando evidenciar as categorias ou tipos que convêm para grupos de sistemas sociais globais, que apresentam certas similaridades estruturais e funcionais básicas. [...] Compete à Sociologia Comparada discutir e resolver as questões mais gerais, relacionadas com as funções dos sistemas sociais nos diferentes níveis de organização da vida ou com o encadeamento apresentado pela progressiva diferenciação das formas sociais da vida (FERNANDES, 1960: 26).

Nosso objetivo é trabalhar com essa modalidade de pesquisa sociológica, dentro de um ramo específico da Sociologia: a Sociologia da Educação. O campo temático da Sociologia Educacional é bastante vasto: quando falamos de "educação", num sentido amplo, estamos nos referindo a todo processo social de transmissão de conhecimentos, envolvendo agentes os mais variados (e não apenas "professores" e "alunos") e instituições sociais as mais diferenciadas (não apenas a "escola", mas também a família, a igreja, a empresa, o sindicato, o partido, a comunidade local etc.). O objetivo de nossa pesquisa é bem mais restrito. Colocamo-nos no terreno da Sociologia Comparada da educação, para analisar um fenômeno educacional histórico, tal qual ele se concretiza nas sociedades capitalistas: a formação do sistema de educação pública. Pretendemos, portanto, focalizar um aspecto específico do processo educacional global: a intervenção direta do Estado capitalista na educação escolar dos cidadãos. E nosso objetivo sociológico é investigar os condicionamentos sociais da intervenção educacional do Estado capitalista, examinando o modo pelo qual esses condicionamentos operam em diferentes sociedades capitalistas.

Queremos, mais claramente, apurar a variação nacional da influência de certos "fatores sociais" sobre a construção do sistema de educação pública em sociedades capitalistas. Mas que "fatores sociais" abordaremos neste trabalho?

Não temos condições de abordar, aqui, **todos** os condicionamentos sociais (econômicos, culturais, políticos, demográficos etc.) que se manifestam no terreno da formação do sistema de educação pública. Focalizaremos, estritamente, o condicionamento exercido pelo sistema de grupos sociais (relações entre burguesia, proprietários fundiários, classe média, trabalhadores manuais) próprio à sociedade capitalista. É claro que, ao abordarmos o peso das "relações de classe" na definição da intervenção educacional do Estado capitalista, teremos de levar minimamente em conta a influência dos fatores econômicos, culturais e políticos na ação dos grupos sociais que pressionam o Estado capitalista no plano da formulação das políticas governamentais. Mas a nossa preocupação com esse mínimo não deve servir de desculpa para a ausência de uma análise mais refinada e totalizante do conjunto de fatores que influenciam a definição da política educacional do Estado capitalista.

Antes de passarmos a uma definição mais precisa de nosso objeto concreto de pesquisa, impõe-se deixar clara a diferença entre "sistema nacional de educação" e "sistema de educação pública". O "sistema nacional de educação" é um conjunto mais amplo: ele designa o modo de coexistência entre setor escolar privado (confessional ou empresarial) e setor escolar estatal, na sociedade capitalista. A expressão "sistema" serve, aqui, para designar o tipo de relação que se estabelece entre os dois setores educacionais (privado e estatal): equilíbrio, integração, ascendência de um sobre o outro, conflito aberto ou larvar. Já a expressão "sistema de educação pública" designa simultaneamente dois fenômenos: a) a presença da escola estatal numa sociedade capitalista; b) o conjunto de normas que o aparelho de Estado impõe não apenas às escolas estatais como também às escolas privadas (a normatização do setor escolar privado pelo Estado capitalista variando, em sua intensidade e orientação, de um país capitalista para outro). Nosso foco, neste trabalho, não é o sistema nacional de educação. O estudo dos condicionamentos sociais do sistema educacional global é sociologicamente importante e necessário, mas difícil de ser feito num projeto de estatura mediana e de natureza artesanal (isto é, um projeto estritamente individual, e não um projeto de equipe). Concentrar-nos-emos, portanto, na análise estrita do processo de formação do sistema de educação pública na sociedade capitalista, tal qual ele é influenciado pela configuração do sistema de grupos sociais próprio a esse tipo histórico de sociedade (burguesia, proprietários fundiários, grupos intermediários, trabalhadores manuais). O setor escolar privado (confessional, empresarial) só aparecerá, aqui, de modo indireto; isto é, como setor educacional que sofre, de algum modo, os efeitos da orientação assumida pelo Estado capitalista no terreno da política educacional.

Deve-se esclarecer, desde já, que é teoricamente inviável a hipótese da construção, numa sociedade capitalista, do monopólio estatal da educação escolar. Os sistemas nacionais de educação tendem, nos países capitalistas, a ser sistemas mistos, conciliando, de modo mais ou menos conflituoso, Escola Pública e escola particular. Isso ocorre porque a burocracia estatal, mesmo quando defende a criação e a expansão da Escola Pública (o que tende a ocorrer regularmente), não tem poderio suficiente para suprimir a liberdade de ação das classes dominantes no terreno da educação escolar. O corpo burocrático do Estado capitalista, no mesmo momento histórico em que está criando ou promovendo a expansão da Escola Pública, reconhece a todos os cidadãos a "liberdade de ensino"; isto é, o direito de criar escolas e de ministrar aulas, obedecidas condições mínimas fixadas pelo Estado. A análise histórica confirma a hipótese da inviabilidade do monopólio estatal da educação escolar na sociedade capitalista. Não se tem registro de situações históricas de monopólio estatal da educação escolar na esfera do capitalismo. Mesmo se analisarmos a situação histórica mais desfavorável à nossa hipótese – a atuação do Estado republicano francês no auge da fase revolucionária (1793/1794) –, depararemos com a conciliação, por parte do aparelho de Estado em construção, de dois princípios distintos, porém não contraditórios: "defesa do ensino público" e princípio da "liberdade de ensino". Em dezembro de 1793, a Convenção Nacional (órgão máximo do aparelho de Estado pós-feudal-absolutista) determina que seja respeitada a "liberdade de ensino" dos cidadãos; isso significa que eles podem, desde que preenchidas certas condições legais básicas, abrir escolas e ministrar aulas.

A rigor, só se pode testar a hipótese da instauração do monopólio estatal da educação escolar, no mundo contemporâneo, quando se reflete teoricamente sobre o modelo socialista de sociedade.

É possível que o processo de socialização global dos meios de produção liquide a classe dominante privada; e que, consequentemente, enfraqueça social e politicamente os grupos defensores da "liberdade de ensino". Mas a persistência de instituições sociais como a família e a Igreja pode obrigar o aparelho de Estado socialista a fazer concessões aos defensores do ensino confessional. Nesse caso, instaura-se, não propriamente o monopólio estatal da educação escolar, e sim um sistema nacional de educação onde o setor escolar público exerce a hegemonia, e tolera a sobrevivência do ensino confessional, na suposição (não necessariamente confirmada pelos fatos) de que esse setor escolar entrará fatalmente, por força da competição ideologicamente desigual com o socialismo, em processo de diluição.

Ao abordarmos o processo de construção do sistema de educação pública nas sociedades capitalistas, procuraremos chamar a atenção para o fato de que políticos e intelectuais defensores da Escola Pública e da laicidade do Estado, salvo raras exceções (como certos membros da corrente dos "livres pensadores"), aceitam a coexistência da Escola Pública e da escola privada, desde que a instauração do ensino público, gratuito e obrigatório não signifique tão somente a abertura de mais um campo de atuação pedagógica para a Igreja (na França de 1848, as leis Falloux foram bem-sucedidas em promover o nucleamento, pelo clero católico, das poucas escolas públicas primárias existentes). O que os políticos e intelectuais progressistas esperam é que a coexistência entre Escola Pública e escola privada não resulte, na prática, em restauração da hegemonia escolar da Igreja, pela via do nucleamento religioso da Escola Pública. Poder-se-ia, pelo menos teoricamente, esperar uma atitude diretamente antiprivatista dos grupos que dirigiram a luta pela Escola Pública, caso a corrente socialista tivesse tido uma participação importante nessa luta. Mas essa corrente ainda era pouco desenvolvida na conjuntura da luta pela Escola Pública. Isso nos permite concluir, provisoriamente, que a luta pela Escola Pública nos países capitalistas não foi uma luta pelo monopólio estatal da educação; e sim a luta pela coexistência, em termos razoáveis para o aparelho de Estado capitalista, entre ensino público e ensino privado (sobretudo confessional).

O objeto da pesquisa

Tentemos agora delimitar, de modo preciso, o objeto da pesquisa. Pretendemos analisar o processo de formação do sistema de educação pública próprio à sociedade capitalista. A pré-condição histórica para a deflagração desse processo é a ocorrência da Revolução política burguesa numa determinada sociedade. Tal revolução consiste na reestruturação do aparelho de Estado, de tal modo que ele passa: a) a se organizar burocraticamente, e não mais aristocraticamente; b) atribuir a todos os indivíduos, independentemente de sua condição socioeconômica, o estatuto de sujeitos de direitos; isto é, de cidadãos. Essa nova configuração do Estado permite que o aparelho estatal participe decisivamente da reorganização do processo de produção, "libertando" o trabalhador e substituindo as relações coercitivas de trabalho por relações trabalhistas fundadas no **contrato** (troca de equivalente entre iguais). A partir do momento em que o Estado capitalista se instaura, a transformação das relações de trabalho tende a ocorrer de modo acelerado, embora desigual no conjunto do país; o desenvolvimento anterior das forças da produção colabora para que a nova configuração da estrutura jurídico-política coloque em xeque as relações coercitivas de trabalho. De qualquer modo, há sempre uma defasagem temporal entre a transformação da estrutura jurídico-política e a transformação da estrutura econômica. A Revolução política burguesa tende a ser, do ponto de vista temporal, um processo relativamente compacto; sua duração pode ser de alguns anos ou, no máximo, de algumas décadas. Já a emergência da estrutura econômica capitalista é um processo que se estende no tempo: 50, 100, 200 anos.

Voltemos agora ao campo educacional. A Revolução política burguesa induz o surgimento imediato de um sistema de educação pública, condizente com os princípios organizativos do aparelho de Estado capitalista? Perguntado de outra forma: o Estado capitalista, uma vez constituído, tende a instaurar imediatamente o ensino público, gratuito e obrigatório, tornando a escola acessível aos membros de todos os grupos sociais e garantindo, ao mesmo tempo, a liberdade de ensino a cada cidadão? Resposta: assim como, na formação da sociedade capitalista, registra-se uma defasagem temporal entre a transformação da estrutura jurídico-política e a transformação da estrutura econômica, também se podem detectar descompassos, de duração variável conforme a sociedade, entre a formação do aparelho de Estado capitalista e a emergência de um sistema de educação pública. Além disso, os sistemas de educação pública instaurados em diferentes países capitalistas podem ter uma extensão e uma capacidade intervencionista variáveis. O que há de invariável, nesse terreno, é que o desenvolvimento do capitalismo determina a incorporação da educação ao elenco dos direitos da cidadania. Ora, a instauração do direito à educação exige, do ponto de vista social e também ideológico, a manutenção de um setor escolar público, mesmo que cercado por um poderoso setor escolar confessional e/ou empresarial.

Agora, podemos especificar mais claramente o objeto de nossa pesquisa. Pretendemos fazer uma análise comparativa de dois processos nacionais diversos de formação do sistema de educação pública que seria possível numa sociedade capitalista: o processo ocorrido na França entre 1880 e 1940; e o processo ocorrido no Brasil entre 1889 e 1964. Fica desde logo evidente que não se estão comparando os dois países num mesmo período histórico; e sim um mesmo processo social (o processo de instauração de um sistema de educação pública) em dois períodos históricos nacionais ligeiramente defasados (1880-1940 no caso da França, 1889-1964 no caso do Brasil). Como sociólogos da educação, interessa-nos liminarmente mensurar a defasagem temporal entre a Revolução política burguesa (isto é, a formação do Estado capitalista) e a formação do sistema de educação pública. A Revolução política burguesa (que equivale à derrubada do Estado feudal-absolutista) ocorreu, na França, entre 1789 e 1795; no Brasil, ela ocorreu por meio da Abolição, da Proclamação da República e da Assembleia Constituinte (derrubada do Estado escravagista imperial), entre 1888 e 1891. A distância histórica entre a Revolução política burguesa e a instauração do sistema de educação pública não é a mesma nos dois países: praticamente 90 anos na França, e 40 anos no

Brasil, **em escala nacional** (o caráter federativo e descentralizado do Estado capitalista brasileiro permitiu transformações educacionais antecipadas em certos Estados). Há razões sociais e políticas para essa diferença quanto ao ritmo das transformações educacionais nos dois países; pretendemos levantar algumas dessas razões ao longo deste trabalho.

A nossa comparação não é orientada por objetivos formalistas. Embora diferenças formais entre os dois sistemas devam aparecer em nosso texto, o nosso objetivo fundamental é captar a orientação das ações emanadas do sistema de grupos sociais e voltadas para o campo da educação pública, nos dois países. Pretendemos, portanto, produzir um trabalho de Sociologia Comparada da Educação, e não de História Comparada da Educação. Como procuraremos mostrar ao longo de nossa exposição, há unidade mas também diferenças entre as ações educacionais emanadas dos dois sistemas de grupos sociais, o francês e o brasileiro. É a coexistência desses dois aspectos (unidade e diferença) que justifica, a nosso ver, a realização desta pesquisa.

Hipóteses de trabalho

Uma vez delimitado o objeto de nossa pesquisa, podemos explicitar as hipóteses centrais que norteiam o processo investigatório. Elas dizem respeito à identificação do grupo social que desempenha o papel de **força dirigente** no processo de formação do sistema de educação pública, em dois países já transformados pela Revolução política burguesa: a França e o Brasil. Advertimos que não estamos querendo simplificar uma questão teórica e histórica que é altamente complexa: a contribuição – variada – de diferentes grupos sociais para a construção de um sistema institucional qualquer dentro da sociedade capitalista. Grupos de trabalhadores, por exemplo, exercem uma influência, que pode ser definida como "negativa", sobre o processo em questão; a sua mera presença social e a sua condição de clientes potenciais da educação escolar gratuita fazem com que os seus adversários potenciais (os grupos proprietários) atuem, mesmo quando a sua preocupação com o ensino público é meramente tática, a favor do rebaixamento de nível do projeto de Escola Pública. Quando introduzimos na análise, portanto, a categoria sociológica de **força dirigente**, não estamos querendo detectar um agente que atue como "fator único" do processo de formação do sistema de educação pública; e sim o grupo social que imprime a direção ou a orientação básica ao conjunto do processo. Tal grupo só pode conquistar o status de grupo **relativamente vencedor** nesse processo, pois nessa esfera não pode haver, dada a pluralidade e a diferenciação dos agentes que participam de uma competição pacífica (a reforma do Estado capitalista no terreno da política educacional), um grupo **absolutamente vencedor**.

Qual é a nossa hipótese sobre a força dirigente do processo de formação de um sistema de educação pública, na França e no Brasil? Para responder a essa questão, temos de começar nosso trabalho de forma indireta e negativa; isto é, rejeitando a hipótese de que a formação de tal sistema seja uma "criação burguesa", no sentido de um resultado institucional derivado da iniciativa política direta da burguesia (ou uma de suas frações: industrial, comercial, bancária). Entendemos que a tese segundo a qual a Escola Pública capitalista é uma "criação burguesa" pode ser utilizada e interpretada de um modo metafórico; isto é, como o reconhecimento de que a Escola Pública, qualquer que tenha sido sua origem, acabou se "adaptando", com conflitos maiores ou menores, à economia, à sociedade e ao Estado capitalistas. Podemos, acadêmica e mesmo politicamente, tolerar esse tipo de metáfora, desde que ela não acabe se convertendo numa tese sociológica sobre a força dirigente do processo de formação do sistema de educação pública na sociedade capitalista.

Não podemos deixar de mencionar que mesmo autores importantes sustentam, muitas vezes de passagem, a tese de que a Escola Pública é uma "criação burguesa" (no sentido sociológico, e não como pura metáfora). Ao apresentar a sua teoria dos Aparelhos Ideológicos de Estado, Louis Althusser pondera que foi a "burguesia" (genericamente definida) o agente social capaz, concretamente, de colocar, no século XIX, a Escola Pública no lugar da Igreja, fazendo-a assumir o papel de instituição inculcadora da ideologia burguesa nas massas (ALTHUSSER, 1989: 76-78). Os discípulos de Althusser Christian Baudelot e Roger Establet incorporam a mesma tese, presumivelmente para reforçar a argumentação acerca do caráter ideologicamente burguês da atuação da Escola Pública; mas fazem-no de um modo algo sumário.

Por mais que simpatizemos com a denúncia política do capitalismo e de suas instituições, essa tese deve ser criticada com apoio em argumentação histórica e teórica. No plano histórico, sabemos que a burguesia francesa permaneceu, em sua maioria, alinhada com a Igreja

Católica, não tendo aderido à Reforma protestante; e é um fato indiscutível que o massacre dos protestantes na noite de São Bartolomeu ocorreu por iniciativa da Milícia burguesa católica, e não do Estado monárquico. Alinhada com a Igreja Católica durante os séculos pós-reforma (XVII, XVIII e XIX), a burguesia se absteve de participar do movimento protestante e liberal de crítica à retomada, desde a Restauração de 1814, do controle prático do sistema escolar pela Igreja (escolas confessionais, " pequenas escolas" de iniciativa das comunidades locais, mas submetidas à autoridade doutrinária, moral e pedagógica do pároco de aldeia). A burguesia francesa esteve, portanto, alinhada com o sistema escolar da Restauração, submetido à forte influência da Igreja; e se absteve de participar da luta, que se intensificou com a queda do Segundo Império, pela instauração do ensino público, gratuito e obrigatório. Mas a sua preferência religiosa não é a única razão de sua ausência na luta social pela Escola Pública. Do ponto de vista social, a burguesia se posiciona contra a educação do **povo**, e a favor da instrução prioritária de seus próprios operários. Sua ideologia educacional é, portanto, filantrópica; a instrução deve ser ministrada aos trabalhadores em escolas de fábrica, tendo de ser encarada como uma dádiva do patrão, e não como um direito do cidadão. Furet e Ozouf agregam, além do mais, que o objetivo dos empresários industriais, ao instaurarem Escolas de Fábrica, não era o de qualificar a sua força de trabalho, e sim o de "moralizar" a população operária. Em 1868, o Diretor Geral das Fábricas do Creusot (forte região industrial) esclarecia que o papel das escolas de fábrica não era fornecer formação técnica à mão de obra industrial, e sim propiciar uma **formação moral**, que afastasse os operários dos agitadores sociais.

O temor social à educação afasta a burguesia de qualquer projeto de construção da Escola Pública. Para educar os seus próprios filhos, a burguesia prefere o ensino pago, ministrado em escolas (confessionais ou não) com caráter visivelmente de classe. Quando pensa em seus trabalhadores, o burguês pondera que não se podem educar os seres que ele explora; e que é, portanto, preferível que os operários se limitem a receber uma instrução mínima, estritamente necessária à movimentação do processo de produção. Ora, é arriscado, para a burguesia, apostar num comprometimento prático da Escola Pública com um projeto de instrução mínima para as massas; por isso, o empresariado pode chegar a fazer pressão política sobre o Estado capitalista, para que a sua intervenção escolar não ultrapasse certos limites. Porém, ciente de que há um entrecruzamento de pressões sociais na esfera de definição das políticas públicas, a burguesia não pode ter certeza de que a Escola Pública capitalista se absterá de difundir conhecimentos científicos e culturais mobilizáveis no processo de construção da crítica prática ao capitalismo. O Estado capitalista apresenta duas dimensões que nenhuma pressão da burguesia, por mais intensa que seja, pode eliminar. Em primeiro lugar, o aparelho de Estado capitalista se configura como um corpo burocrático, funcionalmente encarregado de garantir a integridade territorial da sociedade, e, consequentemente, de viabilizar a existência contínua da Nação. Por isso, o Estado capitalista está sempre empenhado em tornar cada indivíduo um "soldado-cidadão" potencial; isto é, um ser capaz de arriscar os seus próprios interesses individuais (a sua vida, os seus bens materiais) em benefício da sobrevivência da comunidade nacional. É, **no mínimo**, por isso que a burocracia estatal capitalista apoia o projeto de construção da Escola Pública; esta é vista pelo grupo burocrático como um instrumento fundamental de difusão do sentimento de cidadania (pertencimento, em igualdade de condições, a uma Nação) entre as massas. Em segundo lugar, o princípio básico, subjacente ao funcionamento do Estado capitalista, é o princípio jurídico da transformação de todos os indivíduos em sujeitos de direitos, legitimamente capazes de praticar atos de vontade. Ao criar a Escola Pública, o Estado capitalista não pode ignorar a vigência do princípio da igualdade jurídica, nem o impacto social que a difusão da ideologia jurídica burguesa pode provocar em setores sociais não burgueses. Ou seja: dada a estrutura invariável do Estado capitalista, a dinâmica social pode levar a Escola Pública, uma vez instalada, numa direção que não é a desejada pela burguesia; ela pode acabar ministrando às massas uma dose de ciência e cultura bem maior que aquela necessária à adaptação das massas ao processo de produção capitalista. Mas, se a Igreja tem sido, por razões que serão sugeridas mais adiante, o adversário aberto da Escola Pública, a burguesia tem sido o seu adversário oculto; o que talvez explique a dificuldade de autores de grande estatura entenderem o papel negativo (isto é, a ausência) da burguesia na formação do sistema de educação pública.

O temor social à educação não é uma particularidade do comportamento burguês. Esse temor está presente nas classes dominantes de todos os tipos históricos de sociedade de classes. No caso francês, o temor social à educação foi legado à burguesia industrial pela aristocracia do período absolutista. Enquanto agente da Contrarreforma, a serviço das diretivas lançadas pelo Concílio de Trento, o Estado absolutista francês se viu obrigado a apoiar a difusão nacional das "pequenas escolas" (iniciativa combinando esforços da Igreja, do governo monárquico e das comunidades locais), a fim de utilizá-las como instrumentos da luta doutrinária contra o protestantismo. Mas a aristocracia católica pressentia, ao mesmo tempo, o perigo potencial dessa difusão da esfera escolar. Documentos do século XVII – o testamento do duque de Richelieu, o Manifesto dos deputados do clero nos Estados Gerais de 1614 – apontavam o perigo que a difusão da instrução trazia para a ordem social monárquica: ela poderia criar expectativas de promoção social e profissional superiores à quantidade de empregos disponíveis fora da esfera do trabalho manual. E, no século XVIII, os próprios intendentes do rei, não obstante reconhecerem a importância das "pequenas escolas" para o combate doutrinário ao protestantismo, encaravam como um perigo social a "promoção educacional" das classes trabalhadoras. E nem mesmo os filósofos da Ilustração, em quem se detecta hoje, de um modo excessivamente genérico, uma inclinação liberal, deixaram de apontar o perigo social da ministração de um excesso de educação às massas.

Os argumentos teóricos que apresentamos para explicar a ausência da burguesia francesa na luta pela formação do sistema de educação pública também podem ser aplicados, a nosso ver, na análise da relação entre a burguesia brasileira e a criação da Escola Pública. A burguesia industrial francesa se encontrava bem mais desenvolvida que a sua congênere brasileira no momento histórico da formação do sistema de educação pública. Historiadores econômicos apontam a década de 1880 (em que se decreta, na França, o ensino primário público, gratuito e obrigatório) como um marco decisivo na transição para uma economia capitalista: o sistema da grande indústria moderna (maquinofatura) já predomina nos ramos industriais mais avançados (siderurgia), ao passo que o sistema manufatureiro (não mecanizado) se enquista nos setores tradicionais, como a indústria têxtil e a agroindústria. Não obstante esse avanço relativo, a burguesia francesa não participou do processo de construção do sistema de educação pública. O seu alinhamento com a Igreja Católica, visceralmente contrária à Escola Pública, explica em parte a sua atitude; mas os seus interesses (que a levavam a defender uma "instrução mínima" para as massas) e a estrutura do Estado capitalista (que abria a possibilidade de lutas sociais por uma "educação máxima" para o povo) constituem os fatores principais do retraimento da burguesia industrial francesa no terreno da educação pública.

A burguesia industrial brasileira só pôde surgir após a "libertação do trabalho" representada pela Abolição da Escravidão em 1888. Isso não quer dizer que o "trabalho libertado", incorporado pelo setor industrial, foi o trabalho do liberto. Na verdade, o trabalho libertado, incorporado pelo setor industrial brasileiro, foi o "trabalho libertado" pela desorganização das relações feudais de produção na Europa Ocidental; isto é, o trabalho do imigrante, italiano, espanhol, alemão etc. A indústria brasileira surge, nas primeiras décadas do século

XX, no Rio de Janeiro, em São Paulo e em Porto Alegre, num momento em que a iniciativa de criar uma escola pública primária (o "grupo escolar") já se iniciou em Estados mais avançados, como São Paulo, por iniciativa dos governos estaduais. É importante mencionar que a indústria brasileira, durante a Primeira República, encontra-se em pleno estágio manufatureiro (trabalho não mecanizado), recorrendo abundantemente ao trabalho infantil e feminino. Procurando preservar o seu reservatório de mão de obra, os capitalistas manufatureiros envolvem-se num conflito ideológico e político com a Escola Pública, lutando contra a obrigatoriedade do ensino para as crianças e a favor do trabalho infantil diurno e noturno. A luta ideológica da burguesia industrial contra a Escola Pública, liderada pelo empresário Jorge Street, apresenta-se como um combate contra o ócio infantil; e é conduzida através da imprensa e do debate parlamentar (Assembleia Legislativa, Congresso Nacional). O atraso relativo da indústria brasileira, que ainda recorre em massa ao trabalho infantil e feminino na Primeira República, explica a violência da oposição, em termos ideológicos e políticos, do empresariado industrial à Escola Pública. Os capitalistas manufatureiros, utilizando ainda trabalhadores com atributos artesanais, procuram deter um controle pessoal sobre essa mão de obra. Com esse objetivo, organizam, como espaços anexos às suas fábricas, "vilas operárias", compostas de habitações, igrejas, escolas, oficinas etc. A natureza social do regime manufatureiro é uma razão a mais para os empresários se oporem à Escola Pública; esta lhes aparece como um espaço indesejável, que facilita a autonomia cotidiana das crianças proletárias.

À fase mais violenta e ofensiva da oposição da burguesia industrial brasileira à Escola Pública, sucede uma fase mais defensiva, que se abre com a Revolução de 1930. O Estado pós-1930 é um Estado capitalista interventor de novo tipo. Ao invés de agir dominantemente em favor da comercialização de produtos agrícolas no exterior, o novo Estado incentiva o investimento industrial, cria uma legislação mediadora da relação entre capital e trabalho, expande o ensino público e regulamenta o funcionamento do ensino privado etc.; e envolve o empresariado no ensino profissional através do sistema S. A postura da burguesia brasileira, nessa nova fase, é de **resistência** ao sistema de educação pública já montado; essa resistência se manifesta através do apoio, relativamente discreto, a forças políticas mais agressivamente opostas à Escola Pública, como a Igreja, o empresariado educacional e os partidos conservadores e pró-imperialistas.

Para encerrarmos a etapa negativa e indireta da formulação de nossa hipótese de trabalho, devemos abordar a seguinte questão: as classes populares teriam desempenhado um papel dirigente na formação do sistema de educação pública em países capitalistas como a França e o Brasil? Resposta: o desempenho de tal papel era inviável, seja no caso das classes trabalhadoras rurais, seja no caso do proletariado urbano. O campesinato dependente, seja na França (onde ocorreu uma recomposição das relações feudais em parte da área rural, depois da Restauração de 1814), seja no Brasil (onde a desagregação do trabalho escravo, em 1888, não resultou na implantação do trabalho assalariado no campo, e sim na feudalização do campo), não pôde disponibilizar os seus filhos para as atividades escolares. E isso porque as crianças eram habitualmente mobilizadas para auxiliar os pais na lavoura, ou então eram "solicitadas" pelos senhores rurais por ocasião dos trabalhos sazonais. O fato de os filhos de camponeses estarem inseridos, de um modo bem particular, no mundo da produção agrícola não significa que os seus pais estivessem, necessariamente, desinteressados pela educação de suas crianças. Em primeiro lugar, é necessário lembrar que o acervo de habilidades detido pelo campesinato no terreno da atividade agrícola (para não falar de seus conhecimentos em culinária, artesanato etc.) sempre foi muito grande, e proporcionalmente maior que as habilidades adquiridas pelo operário no espaço da fábrica. O camponês detém conhecimentos precisos sobre o plantio, a colheita, os instrumentos de trabalho, o trato cotidiano a plantas e animais, o regime pluviométrico, as influências climáticas, a prevenção ao ataque de pragas e animais daninhos etc. O campesinato se engaja, portanto, permanentemente na tarefa de inserir os seus filhos no mundo da produção agrícola; isto é, na tarefa de "qualificar" (para usar a linguagem empresarial) ou educar (para usar a linguagem pedagógica) os seus descendentes. Mas é possível supor que uma pequena parcela do campesinato projete para os seus filhos, não a permanência nas suas próprias atividades (a fim de eternizar a contribuição da família à reprodução da sociedade), e sim um processo de ascensão individual na sociedade. Em todos os casos, a instauração do ensino público obrigatório, implicando punições aos pais faltosos, representa um grande risco para famílias que têm de contar com a possibilidade de recorrer ao trabalho dos seus filhos como fonte complementar de rendimento familiar. Famílias camponesas podem encarar positivamente a participação dos seus filhos em atividades educativas; mas a instauração do ensino público, gratuito e obrigatório representa uma camisa de força para unidades familiares que passam regularmente por dificuldades no processo de reprodução de sua existência material.

Se acima expusemos as razões econômicas para que o campesinato dependente dos países capitalistas se mantenha relativamente afastado das lutas sociais pela Escola Pública, temos agora de mencionar os fatores sociais e políticos desse silêncio. Esse segmento social se encontra sob a dominação pessoal exercida pelos senhores rurais; estes cedem a terra aos camponeses, exigindo em troca o cumprimento de uma série de obrigações: econômicas, sociais e políticas. A dominação pessoal torna praticamente impossível a participação do campesinato num movimento social hostilizado pela propriedade fundiária e por seu representante ideológico principal: a Igreja. Esse conjunto de razões econômicas, políticas e sociais explica o silêncio camponês, na França e no Brasil, sobre a criação da Escola Pública. E, quando o campesinato não se manteve em silêncio, como no caso da França das primeiras décadas do século XX, isso ocorreu porque esse segmento social foi coagido a participar das manifestações rurais contra a Escola Pública, organizadas pelo clero e pela aristocracia agrária.

Também o proletariado urbano se manteve afastado, na França e no Brasil, da luta social pela criação da Escola Pública. Aqui, as razões sociais e políticas são menos intensas que no caso do campesinato dependente. E isso porque não se pode falar propriamente de exercício capitalista de uma dominação pessoal "total" sobre o operário. É claro que o capitalista pode tentar influenciar politicamente os seus operários, ameaçando-os com a demissão. Mas a vida proletária extrafabril é relativamente incontrolável; e isso acaba tornando inviável, sobretudo quando a forma da grande indústria moderna passa a predominar nas atividades de transformação, a interdição legal de toda organização sindical. Sindicatos proletários e partidos de base operária surgem nas grandes cidades na fase de predominância da grande indústria moderna (o que não ocorre na área rural); mas isso não significa que tais organizações se envolvam na luta pela instauração do sistema de educação pública. E a razão para esse distanciamento é econômica; tal razão se manifesta de modo mais intenso que no caso do campesinato, por não estar tão intensamente imbricada às razões sociais e políticas. A família proletária não pode se comprometer praticamente com o princípio do ensino público obrigatório, pois a criança é encarada como um auxiliar eventual no processo de reprodução da existência material da família. Dito de maneira mais simples: a criança proletária deve estar disponível para trabalhar, caso os recursos financeiros obtidos pelos pais em seus empregos sejam insuficientes para sustentar a família. Portanto, o comportamento educacional da família proletária tende a ser, como diz Bourdieu, **aleatório** (BOURDIEU, 2001: 81-126). A mesma família operária que induz o filho a frequentar a escola, num momento X (em que "tudo vai bem") pode se sentir obrigada a retirá-lo da escola no momento Z (em que sobrevieram dramas familiares, acidentes, problemas econômicos invulgares). É desarrazoado, portanto, supor que o proletariado, envolvido num comportamento educacional aleatório, coloque-se na vanguarda da luta social pela criação da Escola Pública.

Vejamos qual foi a posição do proletariado francês e do proletariado brasileiro no momento histórico de implantação do sistema de educação pública. Na década de 1880, o proletariado francês cria a CGT (Confederação Geral do Trabalho), organização sindical de tendência anarquista. Essa organização de massa não desempenhará um papel importante na luta social pelo ensino público, gratuito e obrigatório. Também a SFIO (Seção Francesa da Internacional Operária), de tendência socialista, e o PCF (Partido Comunista Francês), criado em 1920, estarão à margem das lutas pela extensão e o aperfeiçoamento da Escola Pública, nas décadas posteriores à sua criação. No Brasil dos anos 1900 e 1910, o movimento operário é liderado por correntes anarquistas, que dominam politicamente o movimento grevista e a imprensa operária. A posição do movimento operário brasileiro com relação à Escola Pública é, nessa fase, tipicamente anarquista: crítica à Escola Pública, qualificada como "Escola burguesa", e defesa da "autoeducação operária". Os partidos socialistas das primeiras décadas republicanas tendem a defender o acesso das classes populares à Escola Pública, o que significa que ela lhes parece socialmente legítima no quadro do capitalismo. Mas tais partidos não são organizações de massa da classe operária; eles representam sobretudo a classe média, à qual pertencem os seus quadros (professores, jornalistas, advogados, funcionários etc.). No período posterior à Revolução de 1930, os novos sindicatos, enquadrados na nova estrutura legal, terão atuação discreta, se tanto, nas conjunturas políticas em que o destino do sistema de educação pública está em discussão: Constituinte de 1933-34, Constituinte de 1946, Lei de Diretrizes e Bases (LDB) de 1961. No período final do debate público e parlamentar sobre o projeto de LDB, os sindicatos operários repercutem, em sua postura, a ascensão ao governo federal de um líder trabalhista. Não há coincidência no fato de que, nesse justo momento (1961), os sindicatos legais realizam eventos e promovem manifestações em defesa da Escola Pública. É no ano de 1961 que se realiza a Primeira Convenção Operária em Defesa da Escola Pública. Quando se compara esse súbito interesse com a discrição do movimento sindical proletário diante do debate educacional (onde os progressistas se confrontam com clericais e capitalistas), pode-se conjeturar que o interesse proletário, nessa situação específica, foi mobilizado "de cima", o que evidencia o governismo peculiar ao sindicalismo operário do período nacional-populista.

A primeira etapa (negativa e indireta) da tarefa de formulação de nossa hipótese de trabalho chega a seu término com a proposição da seguinte tese: seria inviável o envolvimento dos grupos polares da sociedade capitalista (proprietários dos meios de produção; trabalhadores destituídos e, consequentemente, sujeitos à exploração) na ação coletiva pela instauração de um sistema de educação pública. Resta-nos, portanto, examinar a possibilidade de algum dos grupos sociais restantes – os **grupos intermediários** – desempenhar esse papel. Um primeiro grupo intermediário, tradicionalmente nomeado como "pequena burguesia", compõe-se daqueles indivíduos que exercem um trabalho possibilitado pela propriedade de um meio de produção (terra, ferramentas), não sendo, portanto, nem exploradores nem explorados: o camponês parcelar, o artesão. É difícil imaginar a massa dos membros desse grupo social desenvolvendo estratégias de promoção da ascensão social dos seus filhos, e lançando-se na ação social pela criação da Escola Pública, em função dessa estratégia. É razoável supor que uma parte dos membros desse grupo social tenha projetado a ascensão social dos seus filhos; sabe-se que, na França da Terceira República, muitos professores de escola primária (*instituteurs*) eram filhos de camponeses parcelares. Mas uma parte consideravelmente mais expressiva da "pequena burguesia" nutriu o sonho de que os seus filhos se tornassem herdeiros de fato do seu ofício, conservassem a propriedade dos meios de produção paternos, e adquirissem as habilidades necessárias à conservação do negócio familiar. A pequena burguesia pode ter se interessado por propostas de educação técnica, partidas do setor governamental, confessional ou empresarial. Mas é preciso lembrar que a criação de escolas técnicas, rurais ou urbanas, não era vista pelos círculos da classe dominante como um degrau na direção da educação pública de massa; ao contrário, tais escolas eram vistas como um meio politicamente adequado de desviar as massas, urbanas ou rurais, da aspiração à "Escola para todos", o que era encarado como social e politicamente perigoso pelos grupos sociais dominantes. Na França das primeiras décadas do século XX, o propósito desses grupos sociais foi perfeitamente entendido e denunciado pela intelectualidade progressista, que encarou o entusiasmo burguês pela escola técnica como uma manobra para enfraquecer a luta pela extensão e o aperfeiçoamento da Escola Pública, já criada legalmente. Alguns intelectuais progressistas mais intransigentes chegaram, aliás, a cunhar a frase: "A Escola técnica é a **negação** da Escola Pública". A análise histórica confirma a argumentação teórica: a participação da pequena burguesia na ação social pela instauração de um sistema de educação pública foi pequena, seja na França, seja no Brasil. Essa abstenção explica, de resto, que a Igreja tenha encontrado espaço para experiências de educação rural, como no Brasil de inícios da década de 1960.

Falta-nos finalmente examinar as possibilidades de ação educacional de um segundo **grupo intermediário**: trata-se da classe média, integrada por todos aqueles que desempenham um trabalho dominantemente não manual dentro da sociedade capitalista. Os membros desse grupo se colocam, dentro da hierarquia do trabalho e da escala de prestígio social, em posição superior à dos trabalhadores manuais; e lutam permanentemente para que a relação entre as suas posições respectivas não seja invertida. Esclareça-se que esse trabalhador não manual, integrante da classe média, não desempenha necessariamente **trabalho intelectual**; este último tipo de trabalho se caracteriza sempre como uma atividade de criação, invenção ou inovação. Ora, grande parte do trabalho não manual tem um caráter puramente repetitivo, estando destituído de dimensão criadora. No entanto, os trabalhadores intelectuais fazem parte do grande conjunto dos trabalhadores não manuais; e, portanto, devem ser considerados como membros da classe média. Os dois subgrupos têm em comum uma mesma situação geral na divisão capitalista do trabalho, bem como o sentimento de serem socialmente superiores aos trabalhadores manuais. Um dos seus traços ideológicos centrais é o "temor à proletarização". Este sentimento não equivale ao medo do declínio de posição na estrutura ocupacional: os membros da classe média, em geral, acham pouco provável uma descida irreversível da condição de "funcionários" ou "empregados" para a condição de "operários", salvo em caso de crise econômica profunda, e contam no máximo com mudanças de emprego que não alterem o seu modo de inserção na divisão capitalista do trabalho. O "temor à proletarização" consiste no receio de uma igualização das posições de trabalhadores manuais e de trabalhadores não manuais; isto é, de um "achatamento" da hierarquia capitalista do trabalho, através do nivelamento de salários, do consumo ou de vantagens corporativas. A classe média está, portanto, sempre em luta pela manutenção de sua posição relativa dentro da hierarquia capitalista do trabalho. É importante notar que o parentesco do trabalho intelectual com o trabalho não manual auxilia o conjunto da classe média nessa luta contra a "proletarização": os trabalhadores não manuais costumam abrigar-se à sombra dos trabalhadores intelectuais, apresentando o seu trabalho, por mais repetitivo que seja, como uma atividade "cerebral".

Que categorias profissionais podem ser consideradas como partes integrantes da classe média? Esse grupo social não se reduz a indivíduos que prestam trabalho assalariado: os profissionais liberais (médicos, engenheiros, advogados, arquitetos etc.), na medida em que prestam trabalho predominantemente não manual (e, muitas vezes, trabalho propriamente intelectual), pertencem à classe média. Dela também fazem parte os "empregados" (do aparelho comercial capitalista, do setor administrativo das empresas industriais, dos bancos), os "funcionários" (integrantes do aparelho burocrático estatal) e os professores (assalariados do Estado ou de escolas particulares).

Delimitada sociograficamente a classe média, podemos formular de modo direto e positivo a nossa hipótese central de trabalho: é a classe média a força dirigente do processo de instauração do sistema de educação pública, na França e no Brasil. O desempenho desse papel não se relaciona com os interesses individuais dos membros desse grupo social. É certo que eles aspiram à reprodução biológica de sua condição social; por isso, valorizam a educação formal, que permitirá que os seus filhos se mantenham na situação de trabalhadores não manuais, ou mesmo ascendam dentro desse patamar (por exemplo, alçando-se à condição de trabalhadores intelectuais). Mas a educação dos filhos da classe média pode ser obtida em escolas confessionais ou particulares; e não se pode assegurar que os membros individuais da classe média manifestarão invariavelmente preferência pela Escola Pública, pela presumível "qualidade" de toda instituição estatal, ou por sua incapacidade de cobrir os custos financeiros de uma educação privada. Num contexto histórico em que já se instalou a coexistência entre Escola Pública e escola confessional/privada, a decisão das famílias de classe média poderá variar bastante, conforme a conjuntura. A história da França e do Brasil republicanos confirma a ausência de um compromisso orgânico dos membros individuais da classe média com a Escola Pública ou com a escola privada. Em certos momentos, a classe média parece assistir a uma disputa equilibrada entre os dois setores no terreno da "qualidade". Em outros momentos, um dos setores parece preponderar sobre o outro quanto a esse quesito. Nas declarações dos pais de classe média sobre as suas escolhas educacionais, o argumento da "qualidade" do ensino desempenha um papel decisivo, salvo quando a questão financeira passa à frente dos demais aspectos. Mas, quando o que está em questão não é a escolha individual entre a Escola Pública já existente e a escola privada, e sim a própria criação da Escola Pública, até então inexistente, a mera aspiração a um ensino de "qualidade" não se mostra suficiente para converter os pais de classe média na vanguarda da luta pela formação de um sistema de educação pública (para pais em demanda de qualidade, será mais realista proceder a uma avaliação das escolas privadas existentes do que se lançar na luta por uma escola futura). Em suma: não é a necessidade educacional individual dos membros da classe média que explica o seu envolvimento, como grupo social específico, na ação pela criação, na França e no Brasil, de um sistema de educação pública.

É a ideologia da classe média, como grupo social, e não as aspirações individuais de seus membros, que determina o seu envolvimento na luta pela instauração de um sistema de educação pública. Os trabalhadores não manuais (aí incluídos os trabalhadores intelectuais) devem lutar continuamente, no plano ideológico, para evitar o encurtamento da distância econômica e social que os separa dos trabalhadores manuais (proletariado). A mensagem que eles devem permanentemente endereçar à sociedade (isto é, aos capitalistas, ao proletariado e a eles próprios) é a de que os trabalhadores não manuais são qualitativamente superiores aos trabalhadores manuais (proletariado); e, portanto, merecem gozar de níveis de renda e de prestígio social superiores aos do proletariado. O capitalismo, por si só, não decreta essa superioridade. A divisão capitalista do trabalho, que implica a separação entre trabalho não manual e trabalho manual, não fixa de uma vez por todas as posições da classe média e do proletariado nos sistemas de distribuição de renda e de atribuição de prestígio social. O proletariado entrou numa luta contínua, sobretudo a partir do momento em que foi levantada a interdição legal aos sindicatos (o que ocorreu, na França, somente em 1884; isto é, quase 100 anos após a Revolução Francesa), pela conquista de uma melhor posição econômica e social com relação à classe média. É sabido que, em certos países capitalistas atuais, certas categorias profissionais pertencentes ao proletariado usufruem de rendimentos superiores àqueles gozados por categorias profissionais pertencentes à classe média (embora isso não signifique, necessariamente, superioridade do nível global de vida das primeiras com relação às segundas).

Mas o que deve fazer a classe média, no plano ideológico, para convencer a sociedade de que os trabalhadores não manuais são qualitativamente superiores aos trabalhadores manuais, e merecem, portanto, ocupar uma posição econômica e social superior à do proletariado? Resposta: esse grupo social deve criar **instituições** cujo funcionamento **pareça** instaurar uma efetiva competição de saber entre indivíduos; e, **na realidade**, premie indivíduos liminarmente dotados de recursos econômicos e culturais superiores aos da maioria dos competidores. Ou seja: para se valorizar econômica e socialmente perante o proletariado, a classe média precisa da existência de uma instituição social que pareça democrática, mas que seja de fato uma "instituição de classe". O exemplo mais perfeito desse tipo de instituição, na sociedade capitalista, é a Escola Pública, já que outras instituições – como a família, a Igreja, a empresa, o sindicato – são destituídas de caráter democrático (o que ocorre também com a Escola Pública), e não têm condições de **se apresentar** como instituições democráticas (o que é da essência da Escola Pública). A Escola Pública é o espaço institucional de uma competição social simulada; por isso, ela serve às disposições ideológicas inconscientes da classe média. Os membros de todas as classes sociais têm acesso à Escola Pública; mas apenas os alunos previamente portadores de "capital cultural" saem dela já prontos para uma trajetória social e profissional bem-sucedida. Dito de maneira mais simples: a Escola Pública contribui para criar um clima "democrático" e "aberto" na sociedade capitalista, favorecendo a difusão do sentimento social de que aqueles que ocupam as posições superiores na divisão capitalista do trabalho são de fato os "melhores" do ponto de vista intelectual.

Aplicando essa hipótese de trabalho à análise da formação do sistema de educação pública na França e no Brasil, procuraremos demonstrar que a classe média é a força dirigente nos dois processos, não obstante as diferenças entre os dois casos (francês e brasileiro) de transição ao capitalismo, e entre os dois modelos (francês e brasileiro) de Revolução política burguesa.

Teoria: o conceito de classe média

Expusemos sumariamente o conceito de classe média com que operaremos em nossa análise. Devemos agora prestar alguns esclarecimentos suplementares. Utilizamos essa expressão para conceituar de um modo **positivo** um grupo social específico da sociedade capitalista: o grupo dos trabalhadores não manuais, que, desempenhando trabalho propriamente intelectual ou não, movimentam-se socialmente em função do sentimento de serem qualitativamente superiores aos trabalhadores manuais. Registram-se, no marxismo contemporâneo, iniciativas no sentido de incluir os trabalhadores não manuais dentro da "pequena burguesia". Esta expressão designava sobretudo, na alvorada do marxismo, o grupo dos que se dedicavam à pequena produção ou ao pequeno comércio: campesinato parcelar, artesanato, pequeno comércio. No marxismo contemporâneo francês, porém, surgiu a tendência a incluir outros grupos sociais intermediários dentro do conceito de "pequena burguesia". Nicos Poulantzas, por exemplo, considera que fazem parte dessa classe social tanto os grupos ligados à pequena produção ou ao pequeno comércio quanto o grupo dos que desempenham trabalho predominantemente não manual (o que denominamos aqui "classe média"). Mas, como ele não encontra de comum entre os dois subgrupos senão alguns traços ideológicos negativos (como o sentimento de não se identificarem com nenhum dos grupos sociais polares: burguesia e proletariado), Poulantzas se vê imediatamente obrigado a subdividir o grupo social, que ele acaba de conceituar, em dois subgrupos: a pequena burguesia tradicional (campesinato parcelar, artesanato, pequeno comércio) e a pequena burguesia moderna (grupo dos que desempenham trabalho não manual, assalariado ou não). E isso porque esses subgrupos são movidos, na ação social, por diferentes dispositivos ideológicos. Os grupos ligados à pequena produção ou ao pequeno comércio tendem a valorizar o princípio da propriedade fundada no trabalho pessoal e o princípio da igualdade social. O grupo dos trabalhadores não manuais não cultua esses princípios; o seu compromisso prático é com a preservação da hierarquia do trabalho e com a afirmação da inferioridade qualitativa dos que trabalham com as mãos (POULANTZAS, 1974: 207-223).

Christian Baudelot e Roger Establet agregam o segmento do pequeno comércio ao grupo dos trabalhadores não manuais, para propor um novo conceito de "pequena burguesia". Os dois autores estão obviamente cientes da diferença entre os dois subgrupos no plano econômico e ocupacional. Teriam, em vista disso, de argumentar favoravelmente à existência de uma ideologia pequeno burguesa global, que uniria os dois subgrupos. Mas, ao longo de sua obra sobre o tema da pequena burguesia, Baudelot e Establet não logram caracterizar um aparato ideológico que seria comum aos dois subgrupos. Limitam-se a mencionar genericamente o **progressismo** evidenciado pelos dois subgrupos ao longo da Terceira República; os contornos gerais desse progressismo não estão claramente delineados, de tal modo que o progressismo atribuído ao pequeno comércio (por exemplo, a reivindicação de crédito estatal abundante a esse setor) pode ser diferente do progressismo detectado no grupo dos trabalhadores não manuais (por exemplo, a defesa da laicidade e do ensino público, gratuito e obrigatório) (BAUDELOT, ESTABLET, 1974: 12-20).

Ambos os trabalhos mencionados – o de Nicos Poulantzas e o de Baudelot e Establet – são tentativas admiráveis de atualizar, numa perspectiva marxista, a conceituação dos grupos intermediários próprios a uma sociedade capitalista. Mas acreditamos que as soluções por eles propostas não resolvem o problema que parece desafiá-los: buscar a unidade entre grupos intermediários diferenciados, recorrendo ao plano ideológico, já que no plano econômico e ocupacional tais grupos são claramente distintos. Acreditamos que nossa solução operacional (buscar a diferença ideológica – e, portanto, também social e política – entre a pequena burguesia e a classe média) também se insere, à sua moda, no campo das tentativas de atualização marxista do estudo dos grupos intermediários da sociedade capitalista.

Falta abordar um derradeiro, porém não menos importante, aspecto do conceito de classe média. Caracterizamos a ideologia própria a esse grupo intermediário com a inclinação a defender a posição dos trabalhadores não manuais na hierarquia capitalista do trabalho, e a evitar o achatamento da distância econômica e social entre os trabalhadores não manuais e o proletariado. Agora, é preciso recorrer à teoria althusseriana da ideologia. Althusser esclarecia que a ideologia apresenta duas diferentes **camadas** (que não devem ser confundidas com as suas **regiões**): a ideologia prática e a ideologia teórica. A ideologia prática move inconscientemente a ação dos grupos sociais, e só uma análise totalizante da realidade social, inspirada no materialismo histórico, nos permite captar a sua essência. A ideologia teórica consiste no discurso aberto e verbalizado dos representantes dos grupos sociais; a sua função é a de ocultar, para a sociedade e para o próprio agente, a ideologia prática que move inconscientemente a ação dos grupos sociais (HARNECKER, 1970: 69-82). Em nossa análise, teremos de abordar a coexistência entre a ideologia teórica e a ideologia prática na ação da classe média francesa e brasileira, no terreno educacional; e esclarecer a função de ocultação desempenhada pela ideologia teórica, cuja eficácia explica que, muitas vezes, a orientação ideológica prática de um grupo social permaneça invisível até mesmo para os analistas do processo educacional.

Caracterizamos anteriormente a ideologia prática própria à classe média: a defesa inconsciente da superioridade dos trabalhadores não manuais sobre os trabalhadores manuais. A ideologia teórica, que oculta do conjunto da sociedade como também dos próprios membros da classe média a sua orientação ideológica prática, é a ideologia do mérito (ou ideologia do esforço pessoal). O discurso do mérito sustenta que aqueles que se empenham em adquirir conhecimentos, e se esforçam para obter os melhores resultados nas atividades em que se envolvem, estão fadados ao sucesso na vida profissional e social. A ideologia prática da classe média pensa a superioridade do grupo social; a ideologia teórica sustenta verbalmente o caráter socialmente compensador do esforço do indivíduo. A função social do discurso sobre o mérito do indivíduo é ocultar a mobilização social inconsciente para a defesa da superioridade de um grupo social particular. Ao analisarmos a ação da classe média no terreno escolar, estaremos em contato direto e permanente com manifestações do discurso do mérito;

tal discurso se constitui, como se pode imaginar, na ideologia teórica essencial da Escola Pública na sociedade capitalista.

Metodologia

Como já deixamos claro no início desta introdução, pretendemos fazer uma análise comparada da ação de duas classes médias nacionais – a francesa e a brasileira – no plano da construção de um sistema de educação pública, em seus respectivos países. Agora, precisamos definir com mais precisão o nosso procedimento comparativo. O primeiro campo da comparação é o da configuração da classe média nos dois países. Mas não queremos buscar, nesse terreno, diferenças de composição profissional entre as duas variantes nacionais da classe média. O caráter restritivo da delimitação do conceito de classe média aqui proposto torna pouco produtivo esse procedimento. Estamos, aqui, longe da vastidão do conceito de *middle classes*, próprio à tradição anglo-saxã, mas também do uso extensivo dessa noção, feito pelo sociólogo francês dos anos 1920-30 Maurice Halbwachs (a classe média engloba, para esse autor, desde "empresários industriais" até "empregados" do setor terciário). As categorias profissionais que integram a classe média da sociedade capitalista são praticamente as mesmas na França e no Brasil: profissionais liberais, burocratas estatais, professores, empregados do setor comercial ou bancário. A diferença que se pode detectar entre as duas classes médias, no momento da criação da Escola Pública, é sobretudo quantitativa: nos anos 1880 (quando se instaura a Escola Pública), a classe média francesa é bem mais extensa e desenvolvida que a classe média brasileira, por obra do desenvolvimento industrial, da urbanização e da burocratização, estimulados pela política governamental durante o Segundo Império (1851-1870). Nos anos 1890 (quando uma política de Escola Pública começa a se esboçar nos estados mais avançados da Federação), a classe média brasileira passa por um processo análogo de crescimento, mas não da mesma intensidade. Se a classe média brasileira tem dimensões mais modestas que a sua congênere francesa, é porque o estágio de desenvolvimento econômico por que passam os dois países não é o mesmo. A França, no último quartel do século XX, já encetou a passagem à grande indústria moderna, o que contribuirá para o progresso da urbanização e para a diversificação da estrutura ocupacional (surgimento de um vasto setor terciário urbano). Já o Brasil permanece, imediatamente após a sua Revolução política burguesa (1888-1891), um país pré-capitalista, direcionado para a exportação de produtos agrícolas, e dotado tão somente de um setor manufatureiro pouco significativo em termos relativos. Há, inegavelmente, uma diferença quantitativa entre as duas classes médias; não obstante esse fato, a classe média brasileira tenderá a desempenhar uma função ideológica e um papel político importantes no processo de transição para o capitalismo. A análise histórica e a ciência política nos indicam que um grupo numericamente pouco expressivo pode se tornar politicamente relevante, conforme a sua relação com o sistema de grupos sociais e o seu lugar no processo político global. O melhor exemplo disso é o grupo militar em sociedades capitalistas atrasadas: mesmo sendo numericamente inexpressivo, ele tem condições, em certos contextos históricos, de praticar o intervencionismo político, por sua elevada capacidade de ação concentrada.

Após esses esclarecimentos, ainda negativos, sobre os termos da comparação que realizaremos entre as duas classes médias, fica a pergunta: o que se vai comparar, se não se trata da composição profissional (ou "configuração morfológica") das duas? Resposta: dada a defasagem entre os seus níveis de desenvolvimento econômico, os sistemas de grupos sociais dos dois países tenderão a funcionar diferentemente; e, portanto, a relação da classe média com o sistema de grupos sociais tenderá a ser diferente nos dois países, o que repercutirá em aspectos secundários da ideologia prática da classe média, bem como nas variantes de ideologia teórica destinadas a ocultar, na vida institucional ou na cena política, a ideologia prática da classe média, no conjunto dos seus aspectos.

Estaremos, portanto, comparando as orientações ideológicas das duas classes médias, evidenciadas em sua ação social em prol da instauração de um sistema de educação pública. Mas será necessário, também, comparar os resultados dessa ação: isto é, a configuração do sistema de educação pública instaurado em cada um dos dois países. Neste terreno específico, não temos a intenção nem condições intelectuais de comparar as pedagogias instauradas nas Escolas públicas dos dois diferentes países. As leituras históricas por nós empreendidas nos convenceram de que é difícil, até porque estamos focalizando um passado já algo distante, apurar qual era a pedagogia de fato predominante na Escola Pública de seu período inicial; mais viável é comentar as teorias pedagógicas em circulação naquele período, dentro dos círculos dirigentes da Escola Pública. Dada a impossibilidade prática de recorrermos a testemunhos orais sobre um período tão distante, restaria em tese a alternativa de buscar a pedagogia imperante na Escola Pública emergente por meio do estudo de manuais escolares e da literatura didática em geral. Mas esse tipo de estudo, embora altamente relevante para captar a ideologia escolar predominante no período, não nos permitiria descobrir qual a pedagogia imperante **na sala de aula**. E isso porque o corpo docente pode, conforme o contexto, atribuir diferentes funções aos manuais escolares: a) uma função central no processo de ministração de conhecimentos científicos ou de valores morais (o professor transmite, a cada aula, os conteúdos constantes de um capítulo do manual escolhido pela escola, e a ser lido pelos alunos); b) uma função de apoio à aula expositiva estruturada pelo próprio professor (nesse caso, os conteúdos podem ser absolutamente complementares, diferenciados ou mesmo conflitantes, conforme o grau de iniciativa conquistado pelos docentes dentro da escola); c) uma pura função de "cobertura" da real orientação do trabalho docente na sala de aula (os manuais constam da bibliografia fornecida a pais e alunos, mas o jovem docente, convencido do caráter superado e cientificamente desatualizado desses textos, resolve trabalhar "por conta própria", inspirando-se numa bibliografia mais recente, com a qual terá entrado em contato durante uma graduação na Universidade). Na verdade, é impossível captar a orientação pedagógica do corpo docente da Escola Pública através do estudo dos manuais escolares. Mas esse estudo é sempre útil para a captação de um aspecto – e não da totalidade – da ideologia escolar. Tal estudo permite uma análise parcial do dispositivo ideológico de grupo social, em operação na Escola Pública. O conhecimento da totalidade desse dispositivo exige uma análise histórica ampla, que leve em conta a ação educacional de partidos, associações corporativas ou doutrinárias, lideranças socialmente representativas, bem como os conflitos sociais e políticos em torno do processo educacional. O conhecimento desse conjunto de fenômenos históricos permitirá, além disso, uma análise ideológica mais profunda dos manuais escolares; isto é, uma análise que permita captar na literatura didática a presença de elementos de ideologia teórica, destinados a ocultar a orientação ideológica prática dos círculos que dirigem o funcionamento da Escola Pública.

Neste trabalho, estaremos, portanto, comparando a configuração dos dois sistemas de educação pública, o da França e o do Brasil, num terreno específico; não o terreno pedagógico, e sim o terreno da fundamentação ideológica do conjunto das atividades escolares. Noutras palavras, estaremos comparando as ideologias escolares presentes em cada uma dessas instituições. A ideologia escolar deve refletir, essencialmente, o conjunto dos aspectos mais relevantes da ideologia prática da classe média bem como elementos do discurso teórico da classe média sobre a sociedade e a Escola. Nessa análise comparada, esperamos encontrar: a) os elementos centrais da atitude ideológica prática da classe média; b) variações nacionais quanto a aspectos secundários (porém, não irrelevantes) da orientação ideológica prática da classe média (por exemplo: individualismo x solidarismo; autoritarismo x paternalismo); c) variações nacionais no plano do discurso verbalizado que oculta a atitude ideológica prática da classe média (por exemplo, opção por uma ou outra doutrina filosófica). Como já esclarecemos anteriormente, buscaremos captar a natureza da ideologia escolar presente na Escola Pública, e suas conexões com a ideologia prática ("orgânica") da classe média, através de uma análise histórica totalizante, que leve em conta a ação educacional de grupos sociais e instituições sociais, bem como os conflitos que os mesmos travam nesse campo particular.

52

Primeiro capítulo – O papel da classe média francesa na formação do sistema de educação pública (1880-1940)

A classe média e a Terceira República francesa (187...-1940)

Quando o sociólogo reconhece, aliás corretamente, que os grupos sociais polares (proprietários dos meios de produção x trabalhadores destituídos e explorados) são os atores decisivos nos processos de conservação (proprietários) ou destruição (trabalhadores) de um tipo histórico de sociedade baseado na exploração do trabalho, ele pode tender à minimização do papel dos grupos sociais intermediários no funcionamento e, mesmo, na evolução, sem ruptura, desse modelo de sociedade. Estamos focalizando, neste trabalho, um grupo intermediário específico: a classe média da sociedade capitalista. Este grupo social, por sua incompatibilidade orgânica com o proletariado (com quem disputa uma posição superior na hierarquia do trabalho e, consequentemente, na hierarquia de prestígio social), tende a se alinhar liminarmente com os grupos sociais dominantes, em caso de crise social e política profunda. Ou seja: quando o capitalismo está em perigo e a possibilidade de construção de uma sociedade socialista aparece no horizonte político, as chances de a classe média assumir uma posição política específica, não coincidente com a perspectiva dos grupos sociais dominantes (por exemplo, a proposição de reformas democráticas **dentro** do quadro geral da sociedade capitalista), diminuem. A classe média, no capitalismo, é visceralmente antiproletária e antissocialista; mas essas tendências adquirem um caráter altamente militante sobretudo nas conjunturas de crise social e política profunda, quando ela tem de se alinhar estreitamente com os grupos sociais dominantes para defender a sobrevivência do capitalismo, e não apenas a conservação de sua posição relativa dentro da divisão capitalista do trabalho.

Fora das conjunturas de crise social e política profunda, a classe média não tem por que subscrever o conservadorismo global dos grupos sociais dominantes. Nas fases de estabilidade social do capitalismo, a classe média pode desempenhar um papel **progressista**, contribuindo para a concretização de reformas democráticas **dentro** do modelo capitalista de sociedade. Nessa medida, ela estará impulsionando um desenvolvimento desse modelo, realizando uma tarefa histórica que os próprios grupos sociais dominantes (capitalistas alocados em diferentes frações) se mostram incapazes de executar. Baudelot e Establet, em sua obra magistral, sustentam a tese de que a **pequena burguesia** (grupo social intermediário do qual participam não só a classe média como também o pequeno comércio) é fundamentalmente progressista durante a Terceira República (BAUDELOT, ESTABLET, 1974: 11-42). Restringindo-nos, neste trabalho à análise da classe média, e deixando de lado a análise do grupo dos pequenos comerciantes, pensamos que a tese dos dois autores é correta no que se refere à classe média. Este grupo social manifesta regularmente seu antissocialismo e seu anticoletivismo, derivados de seu compromisso orgânico com o princípio da propriedade privada individual; ao mesmo tempo, revela seu progressismo, quando aborda a educação, a questão religiosa, o lugar do Senado no sistema estatal, o modelo tributário etc. Tentaremos, neste texto, demonstrar o caráter progressista da intervenção da classe média no debate público sobre um tema específico: a educação pública. Mas não nos limitaremos a buscar a comprovação do progressismo da classe média francesa. Essa tese, de resto, está presente não apenas na obra de Baudelot e Establet, mas também na maior parte das obras dedicadas ao maior representante ideológico e político da classe média francesa: o movimento radical (BAAL, 1994; NICOLET, 1998). Procuraremos avançar também na caracterização da **natureza** do progressismo da classe média francesa em matéria de educação, para, mais adiante, compará-lo com o progressismo educacional da classe média brasileira do período republicano.

A análise do intervencionismo educacional de classe média exige uma caracterização geral prévia da Terceira República francesa. A Revolução Francesa de 1789-1795 provocou, fundamentalmente, a destruição do Estado feudal-absolutista e a sua substituição por um

Estado capitalista. Em outras palavras: o processo revolucionário acarretou a destruição do sistema estatal aristocrático e de uma legislação socialmente diferenciadora, colocando em seu lugar as bases para a construção de um corpo burocrático moderno e de uma legislação igualitária e universalizante. A ditadura napoleônica, em suas duas formas sucessivas (consular e imperial), levou ao ápice o trabalho de construção de um novo tipo histórico de Estado. Sob Napoleão, o Estado capitalista nascente se tornou altamente centralizado (o poder local, agora, era estritamente controlado pelo poder central: o próprio Napoleão nomeava prefeitos) e burocratizado (o corpo de funcionários estatais se multiplicou e se diversificou), e o direito burguês moderno, consagrador da capacidade jurídica de todo ser humano, foi codificado no Código Civil Napoleônico (1804). Mas o governo de Napoleão, se começou como uma ditadura burguesa no Consulado (Bonaparte era um jovem general do Exército revolucionário, e foi escolhido pela burguesia mercantil, que ocupava o Diretório, para exercer uma ditadura sobre as massas), assumiu logo a forma monárquica (isto é, a forma imperial), o que evidencia a disposição do governo bonapartista de conciliar-se com a Igreja católica e com a aristocracia francesa. A Concordata que Bonaparte assina em 1801 com o Vaticano consagra a concessão de vantagens à Igreja católica e aos seus fiéis. O Estado francês reconhece explicitamente, nesse documento, que o catolicismo é a religião predominante entre os franceses; e estabelece que o catecismo poderá ser ensinado nas escolas públicas. A conciliação entre o Estado francês e a Igreja católica é auxiliada pelo fato de que, nos meios governamentais, onde proliferam os não católicos, circula a ideia de que a religião católica, ainda que possa ser contestada do ponto de vista científico, é um corpo doutrinário "socialmente útil", pois contribui para a coesão social e para a pacificação das massas. Esse tipo de utilitarismo veio a ser difundido, décadas mais tarde, pelo arqueólogo e escritor Ernest Renan, assessor de Napoleão III e autor de uma história das origens do cristianismo. Graças a Renan, a prática da aceitação utilitária do cristianismo se difundiu em outros países, entre os quais o Brasil, onde o jornal *O Estado de São Paulo* contribuiu para a difusão do ponto de vista de Renan. No terreno educacional, a Igreja mantém sua força, pois as congregações religiosas preponderam na educação primária. Para Bonaparte, é essencial que o Estado imperial controle a Universidade e o ensino médio, pois é nesses segmentos do ensino que podem ser selecionados os futuros membros da elite burocrática imperial. A legislação bonapartista coloca a Universidade sob controle do Estado imperial, assim como põe o ensino médio sob o controle da Universidade: sob Bonaparte, somente indivíduos detentores de diplomas universitários têm o direito de criar colégios ou liceus. Além disso, Bonaparte reserva à Universidade o direito exclusivo de promover a colação de grau, em escolas públicas ou privadas. Portanto, a "liberdade de ensino", reivindicada pela Igreja Católica, limita-se, no período napoleônico, à educação primária.

Observando-se globalmente o período napoleônico, constata-se a natureza complexa da relação do Estado napoleônico com os grupos sociais dominantes (aristocracia agrária, burguesia em suas diferentes frações). O governo napoleônico age, no plano econômico, a favor dos interesses da burguesia comercial exportadora e manufatureira; e realiza, no plano externo, manobras (como o bloqueio continental) que, pelo menos no início, recebem apoio desses segmentos burgueses. No plano social e político, Bonaparte assina a Concordata com o Vaticano, confere vantagens educacionais à Igreja, restaura a monarquia (sob a forma imperial) e volta à prática aristocrática da distribuição de títulos honoríficos (sobretudo entre os oficiais do exército). O governo bonapartista procura, como se vê, estabelecer certo equilíbrio social entre os diferentes grupos dominantes: de um lado, ele busca assegurar a expansão econômica da burguesia comercial-exportadora e manufatureira; de outro lado, ele valoriza símbolos de distinção próprios à aristocracia. Talvez sejam as manobras audaciosas no plano externo (o próprio bloqueio continental, a invasão da Rússia) o fator explicativo básico da derrocada do Império bonapartista.

A Restauração monárquica de 1814 representou o fim do Império napoleônico, a volta da dinastia Bourbon ao trono, o retorno da aristocracia imigrada ao país e, em parte, às suas antigas propriedades (sem revalidação dos direitos senhoriais, mas com recomposição de relações sociais servis), o reforço das posições da Igreja católica (que obtém, em 1816, a revogação do divórcio, instaurado durante a Revolução Francesa); e, finalmente, a inclinação da política governamental para os interesses dos grandes proprietários fundiários. Essa política conservadora é executada sobre um plano inclinado; isto é, num contexto de expansão do parque manufatureiro (sobretudo da indústria têxtil e da confecção). O descompasso entre a conjuntura econômica e a política governamental leva à revolução social: a burguesia e as massas se reúnem em 1830 para destronar a dinastia Bourbon, basicamente a serviço da aristocracia agrária e da Igreja. O resultado é essencialmente a ascensão ao trono de uma nova dinastia (Orleães). O regime político adota a forma monárquico-constitucional e parlamentarista; mas o sistema eleitoral continua a ser censitário, excluindo o voto de grande parte das classes populares. O aspecto mais interessante do reinado de Luís Filipe de Orleães (1830-1848) é a convocação regular, para o gabinete, de políticos burgueses, de tendência liberal ou protestante (ou de ambas as tendências ao mesmo tempo). O caso mais conspícuo é o de François Guizot, político burguês, liberal e protestante, que ocupou os cargos de primeiro-ministro e de ministro da Instrução Pública por longos períodos. Em 1833, na condição de ministro da Educação, Guizot decreta a obrigatoriedade do ensino primário público em todas as comunas da França, ficando o seu financiamento a cargo das próprias comunas.

A subida de liberais e protestantes aos círculos dirigentes do aparelho de Estado indica que a Revolução popular de 1830, ao reunir burguesia e povo no campo oposicionista, provocou uma mudança na relação de forças entre grupos sociais dominantes: perda de influência relativa por parte da aristocracia, ascensão política dos segmentos bancário, comercial e manufatureiro da burguesia. A diferença é significativa com relação ao período da Restauração (1814-1830), reacionário e clerical. A Carta Constitucional de 1831, pós-revolucionária, estabelece que "a religião católica é professada pela maioria dos franceses", porém "não é mais a religião de Estado"; e determina o "assalariamento estatal" dos rabinos, o que evidencia, no mínimo, o peso crescente da comunidade judaica no mundo dos negócios e, particularmente, na esfera bancária. De todo modo, a Carta ainda evidencia o empenho dos círculos dirigentes em preservar uma relação equilibrada com a Igreja Católica: nela, está mantida a proibição do divórcio.

Como ministro da Educação, Guizot instruiu os professores das escolas públicas para que, nas aulas de instrução religiosa (católica), os docentes abordassem, não tanto a doutrina da Igreja Católica, e sim, sobretudo, a necessidade social da espiritualidade e da religiosidade. Esses sentimentos abririam caminho à internalização efetiva de uma moral cristã: amor filial, solidariedade, honestidade, cortesia, bons modos etc. À primeira vista, poderia parecer que Guizot, como protestante, estaria basicamente querendo envolver os docentes da Escola Pública na inculcação de uma moral cristã consensual (prática que se desenvolveu em alguns países onde a Reforma foi vencedora). É possível que, ao pensar sobre o assunto, Guizot estivesse inspirado por essa ideia. Mas havia também uma razão histórica para a orientação de sua proposta de instrução religiosa. O ensino católico da Contrarreforma, posterior ao Concílio de Trento, devia se organizar em dois compartimentos: a) o ensino da doutrina da Igreja (a cargo, necessariamente, de sacerdotes católicos); b) a inculcação de uma moral social cristã (que, eventualmente, poderia ser promovida por mestres ligados às comunas). Isso indica que a Reforma protestante acabou produzindo efeitos intelectuais involuntários na própria Igreja Católica, especialmente nos países europeus culturalmente mais avançados nos séculos XVI e XVII, como a França.

Nota-se, portanto, que impera, durante a Monarquia de Julho (1830-1848), um clima social e ideológico relativamente mais progressista que aquele predominante durante a Restauração (1814-1830), não obstante a preservação da influência social e política da Igreja católica, a sobrevivência da instituição monárquica e a renovação de um relativo compromisso entre a aristocracia agrária e os segmentos burgueses em ascensão. Porém, o avanço relativo desse período, quando comparado à Restauração, não foi suficiente para sufocar os efeitos sociais da expansão do parque manufatureiro, do crescimento numérico dos trabalhadores assalariados vinculados às manufaturas, e da nova fase de difusão dos ideais republicanos (dotados de uma conotação mais social no seio do grupo dos trabalhadores urbanos; e de uma conotação mais institucional no seio da classe média emergente). O resultado final desse processo foi a eclosão de uma Revolução "republicana" em fevereiro de 1848. Esse movimento se revestiu de um caráter "multiclassista": combinou objetivos reformistas das classes trabalhadoras urbanas (combate ao desemprego, criação de "bolsas do trabalho" etc.), objetivos institucionais da classe média (a derrubada da tirania monárquica) e objetivos corporativos de segmentos burgueses (reorientação do crédito bancário, medidas pró-manufatureiras etc.). Uma vez derrubada a monarquia, o processo político deságua com rapidez na convocação de eleições nacionais; e o candidato eleito para a Presidência da Republica, Luís Bonaparte, irá se organizar rapidamente para a deflagração de um golpe de Estado, com apoio maciço do Exército. Em dezembro de 1851, o presidente Bonaparte se converte em ditador; logo depois, em 1852, ele se autoproclama imperador, com o apoio do Exército e dos grupos sociais dominantes, temerosos da eclosão de uma nova revolução social.

Como caracterizar sinteticamente o Segundo Império francês (1852-1870)? Bonaparte procura fazer avançar o potencial desenvolvimentista do Estado capitalista francês, executando para tanto uma política de concessões aos grupos sociais dominados, e de celebração de compromissos com os grupos sociais dominantes (aristocracia agrária, burguesia). No campo das concessões às classes populares, é preciso começar pelas concessões políticas de cunho simbólico. Bonaparte mantém o sufrágio universal masculino, instaurado logo após a Revolução de 1848; mas limita os efeitos políticos de seu exercício, ao instaurar o sistema de lista única para as eleições parlamentares (na opinião de Bonaparte, o camponês e o proletário se sentiriam "cidadãos" ao comparecerem às urnas, mesmo que não pudessem exercer o direito de escolha entre vários candidatos). Por essa via, Bonaparte procura conferir uma legitimidade democrática à sua ditadura militar. O imperador mantém a proibição da organização de sindicatos ou associações; em compensação, executa uma política de preços mínimos para a pequena produção agrícola, e de salário mínimo para os trabalhadores urbanos. O compromisso com os diferentes grupos dominantes é renovado de forma habilidosa por Bonaparte. O ditador liquida a República, sempre vista com inquietação pela aristocracia agrária, restaura a forma imperial de Estado e procede à distribuição de títulos honoríficos entre a burguesia, o que indiretamente revaloriza os títulos nobiliárquicos de origem medieval. As posições da Igreja na vida social e na educação são mantidas, não obstante o início da movimentação, nos anos 1860, da intelectualidade de classe média a favor do ensino público, gratuito e laico. Interessado em conservar, senão o apoio, pelo menos uma certa neutralidade da aristocracia, Bonaparte enviará tropas à Itália, para defender os Estados Vaticanos, ameaçados pelos exércitos que, sob o comando do monarca piemontês Vítor Emanuel, lutam pela unificação da Itália e a diminuição das possessões territoriais da Igreja Católica. É preciso também registrar que, se o primeiro Bonaparte promoveu a entrada de um número considerável de filhos de camponeses na oficialidade do Exército francês, Napoleão III realizou o movimento inverso: aristocratizou a oficialidade, o que resultou, algumas décadas depois, na eclosão de uma conspiração aristocrático-militar contra um oficial de origem não aristocrática (Dreyfus), acusado pelo generalato de praticar espionagem a favor do exército alemão.

No campo econômico, Bonaparte toma medidas inovadoras a favor do desenvolvimento do capitalismo na França. Desafiado pela superioridade industrial inglesa, Bonaparte põe em prática, não uma política de reforço do setor bancário em geral, mas uma política de construção de um **novo setor bancário**, voltado para o financiamento de indústrias (maquinofaturas), estradas de ferro, portos, e de toda a infraestrutura necessária ao desenvolvimento industrial. Para o cumprimento dessas tarefas, Bonaparte não pode recorrer ao **velho setor bancário**, voltado para o financiamento à exportação de produtos agrícolas e organicamente ligado à aristocracia. Assim, terá de criar uma nova categoria de banqueiros, de origem não aristocrática e frequentemente de filiação saint-simoniana (como os irmãos Isaac e

Simon Péreire). O resultado dessa política será a aceleração do processo de transição para o capitalismo na França: ainda que o setor agroexportador mantenha sua importância, a grande indústria moderna progride no Norte (sobretudo na siderurgia), coexistindo com o parque manufatureiro do Sul (manufaturas têxteis, confecção).

É sobretudo no terreno da política exterior que o Segundo Império é malsucedido. Bonaparte toma o partido do Vaticano na guerra pela unificação da Itália, e fracassa na luta pela manutenção dos Estados Vaticanos, cujos territórios serão incorporados ao nascente Estado italiano. Se a posição de Bonaparte a favor do Vaticano havia ampliado o desprestígio de Bonaparte nos setores progressistas, a sua derrota militar na Itália decepcionou os segmentos aristocráticos, sempre alinhados com as posições do Vaticano. Não bastasse essa derrota, Bonaparte vai empurrar a França para um segundo fracasso militar, desta vez diante da Prússia de Bismarck. A guerra franco-prussiana, iniciada no fim da década de 1860, foi deliberadamente provocada por Bonaparte, que viu a eventual vitória sobre Bismarck como um instrumento para a recuperação de seu prestígio junto à aristocracia. A fragorosa derrota imposta pela Alemanha à França em 1870 selou a sorte de Bonaparte e do Segundo Império. Nesse mesmo ano, a República é instaurada, e forma-se um governo provisório chefiado por Thiers, que assina, sob protestos populares, o tratado de rendição da França à Alemanha. A reação popular a esse tratado, visto como expressão da covardia e da deslealdade dos grupos dominantes franceses, consistirá na tomada do poder de Estado pelas massas em Paris, no início de 1871. A implantação da Comuna de Paris não é acompanhada pela construção de Comunas populares em outras cidades, embora certas lideranças revolucionárias tenham nutrido o projeto (abortado por falta de participação do campesinato) de estender o movimento a mais dez municipalidades do interior do país. O isolamento da Comuna parisiense, em escala nacional, permite ao governo provisório, auxiliado pela tropa alemã de ocupação, reprimir o movimento popular e dissolver a República proletária parisiense em maio de 1871.

A vitória obtida pelo governo provisório sobre a revolução popular não resultará, entretanto, na estabilização imediata do regime republicano. Tendo sido convocadas eleições para a Assembleia em abril de 1871, o resultado será amplamente favorável aos candidatos monarquistas de diferentes tendências (legitimistas, orleanistas). A composição altamente conservadora da Assembleia explica que essa instituição eleja, em maio de 1873, o general Mac Mahon (conservador, autoritário e clerical) como presidente da República, no lugar do republicano Thiers. A República instaurada após a derrocada do Segundo Império combina elementos de presidencialismo e de parlamentarismo. O presidente da República não só dirige a política externa (que é um item fundamental da política de Estado em potências coloniais como a França), como também tem a incumbência de nomear o presidente do Conselho de Ministros. Mac Mahon irá organizar um ministério de tendências dominantemente monarquistas, aristocráticas e clericais. A sua presença como Presidente da República indica que, na década de 1870, a institucionalidade francesa se encontra numa fase de transição entre a Monarquia imperial bonapartista e a República, e a meio caminho entre uma política militarista e uma política civilista. A Constituição aprovada pela Assembleia em 1875 confirma a natureza do novo regime político francês: uma república semipresidencialista e semiparlamentarista, diferente do parlamentarismo "puro", praticado na Grã-Bretanha. Mas os resultados políticos obtidos pelo funcionamento desse regime dependem da composição partidária da Câmara dos Deputados. Ora, as primeiras eleições parlamentares, realizadas após a aprovação da nova Constituição, transformam os republicanos em maioria parlamentar. A coexistência entre um presidente monarquista (o general Mac Mahon) e uma Câmara com maioria republicana leva ao conflito entre ambos; e, a seguir, à demissão do Presidente, em 1879. Dessa data até a ocupação alemã (1940), o regime democrático presidencial-parlamentar permanecerá estável na França, a despeito de uma crônica instabilidade governamental (o que tende a ocorrer nos países capitalistas onde o sistema parlamentarista se articula ao multipartidarismo, e não ao bipartidarismo de tipo anglo-saxão).

Apresentamos, de modo panorâmico, as características institucionais da Terceira República francesa. Agora, devemos sumarizar as características sociais e políticas básicas desse período. Em vários livros e artigos sobre esse período, apresenta-se a classe média como o grupo social "preponderante" nessa fase da história social francesa. Pode-se encontrar um "fundo de verdade" nessa ideia; todavia, de um ponto de vista estritamente científico, essa formulação é meramente aproximativa. Quando introduzimos o tema empírico da preponderância de grupo social, devemos colocar no ponto de partida da análise a problemática teórica da "hegemonia política de grupo social dentro do bloco dominante". Essa problemática, instaurada de modo rigoroso por Nicos Poulantzas, implica a detecção do grupo social dominante (ou fração de grupo) que dispõe da capacidade política de induzir a política de Estado a atender prioritariamente (mas não exclusivamente) os seus interesses de grupo. O grupo social dominante cujos interesses preponderam na definição da política de Estado é qualificado como grupo dominante (ou fração de grupo) politicamente hegemônico (POULANTZAS, 1968, v. 2: 52-77). O Estado capitalista se apresenta, no plano ideológico, como uma entidade que representa o interesse geral da sociedade; a manutenção dessa aparência obriga o aparelho estatal a reconhecer a existência de múltiplos interesses de grupo. No que diz respeito aos interesses dos grupos sociais dominados, o Estado capitalista faz "concessões", sem, no entanto, promover o atendimento daquilo que é essencial no elenco de aspirações de tais grupos. No que diz respeito aos interesses dos grupos sociais dominantes, o Estado capitalista dá um atendimento prioritário a **um** desses grupos (ele será o grupo hegemônico dentro do bloco dominante), e um atendimento secundário aos interesses dos demais grupos (eles serão os grupos subalternos dentro do bloco dominante). É muito raro que um Estado capitalista concreto atenda exclusivamente os interesses de um único grupo dominante; e isso porque a sua estabilidade política depende de manter a coesão política do bloco dominante, o que implica a combinação do atendimento prioritário a determinado interesse dominante e do atendimento secundário a outros interesses dominantes. A complexidade da análise das políticas do

Estado capitalista deriva justamente da presença constante e combinada dessas duas modalidades de atendimento aos interesses dominantes.

Podemos agora voltar ao comentário da tese acerca da "preponderância" da classe média na Terceira República francesa. A nosso ver, essa "preponderância" não poderia ser lida como sinônimo de "hegemonia política". A classe média é um grupo social intermediário; e, como tal, não integra o bloco dos grupos sociais dominantes. Só estes, enquanto grupos de proprietários dos meios de produção e exploradores da força de trabalho, podem chegar a deter a hegemonia política sob o Estado capitalista. A classe média pode exercer **influência** sobre as políticas do Estado capitalista, dentro dos limites fixados pela vigência da estrutura jurídico-política capitalista e pelo exercício da hegemonia política por algum segmento do bloco dominante. Os historiadores da Terceira República tendem a reconhecer que o desenvolvimento industrial e manufatureiro prosseguiu no período pós-bonapartista; mas o ritmo desse desenvolvimento se tornou mais lento, em razão da ausência, na Terceira República, de um círculo dirigente altamente mobilizado para esse objetivo, como o círculo bonapartista. Poder-se-ia supor que tal círculo tenderia a nascer espontaneamente nos meios empresariais; e que a burguesia iria naturalmente, num quadro pós-monárquico e pós-aristocrático, encontrar as condições sociais e políticas necessárias para a construção de uma organização partidária representativa dos seus interesses. No entanto, a burguesia evidenciou, na Terceira República, a sua fraqueza política: não logrou construir nenhum partido político que a representasse. Uma das razões de seu fracasso, nesse terreno, está no sucesso das forças políticas adversárias (Igreja, correntes monarquistas) em sobreviver, como representantes da aristocracia agrária, durante a Terceira República. Os proprietários fundiários também não lograram construir um partido próprio; acabaram sendo representados na cena política pela Igreja e pelas correntes monarquistas (legitimistas e orleanistas). De modo geral, portanto, os grupos sociais dominantes permaneceram sem uma representação partidária específica no Parlamento; os seus porta-vozes tenderam a formar blocos conservadores, dotados de orientação ideológica, mas sem base partidária. Entre os grupos sociais dominantes, um grupo específico logrou preservar a influência já conquistada no Segundo Império: o capital bancário, envolvido no financiamento a indústrias e à infraestrutura necessária às atividades industriais. Saindo fortalecidos do período bonapartista, os bancos cresceram economicamente durante a Terceira República, pois a desaceleração do crescimento industrial favoreceu a acumulação improdutiva de capital e o envolvimento crescente dos bancos na especulação financeira e no mercado bursátil. Nessas condições, o capital bancário se torna agente direto de uma pressão sobre os centros decisórios do Estado. No Parlamento, os bancos atuam indiretamente; isto é, não por meio de um partido político próprio, e sim através de ações lobísticas que expõem aos blocos parlamentares os limites políticos que eles não deveriam franquear, na proposição de projetos de reforma financeira. Pode-se, portanto, dizer que os bancos constituem o segmento hegemônico dentro do bloco dominante; o que não significa, evidentemente, que interesses da indústria ou da grande agricultura exportadora não sejam contemplados pela política governamental.

Passemos agora à abordagem da situação vivida pela classe média durante a Terceira República. Preliminarmente, devemos lembrar que, na Introdução, excluímos o grupo dos pequenos comerciantes do conceito de classe média, pelo fato de: a) a situação econômica dos dois grupos ser radicalmente diferente (o que é reconhecido pelos autores marxistas); b) a tendência ideológica dos dois grupos também ser, consequentemente, diferente (o que foi desconsiderado por certos autores marxistas, mas que, para nós, é um fato indiscutível). De qualquer modo, é preciso fazer uma breve referência ao crescimento do pequeno comércio durante a Terceira República. Esse crescimento foi provocado pelo próprio desenvolvimento do capitalismo na França, não devendo, portanto, ser interpretado como um fenômeno econômico situado na contramão daquilo que seria uma tendência natural no capitalismo: o declínio e a desaparição final do pequeno comércio. Já Eduard Bernstein, em *Socialismo evolucionário*, sustentara a tese de que a evolução industrial, no capitalismo, não levaria à desaparição do pequeno comércio; somente pequenas unidades comerciais poderiam operar, com ganho comercial (ainda que reduzido), em certas localidades do interior, em certos bairros suburbanos etc. Baudelot e Establet se empenham em demonstrar que a expansão do pequeno comércio na França foi um aspecto do desenvolvimento do capitalismo no país; e que esse segmento não pode ser considerado como uma sobrevivência do modo de produção feudal na sociedade capitalista francesa (BAUDELOT,

ESTABLET, 1974: 11-45). Os pequenos comerciantes compõem agora um contingente eleitoral importante, pois o sufrágio universal, formalmente válido porém praticamente inoperante na ditadura bonapartista, coloca-se na Terceira República a serviço de um sistema político multipartidário. O Partido Radical (1901), que abordaremos com mais cuidado quando analisarmos a classe média francesa, soube mobilizar, organizacional e eleitoralmente, uma parte do pequeno comércio, inscrevendo em seus programas tópicos progressistas que podiam sensibilizar essa categoria profissional: democratização do acesso ao crédito bancário, criação do imposto de renda, redução dos impostos indiretos etc. Mas, se a participação do pequeno comércio nos comitês (locais, executivo) era efetiva, sua presença no Parlamento e no *bureau* político do partido era reduzida, estando claramente defasada com relação à sua presença nos comitês. Na verdade, a atuação parlamentar do Partido Radical não correspondia exatamente ao conteúdo dos programas apresentados em seus congressos periódicos. A fração parlamentar preponderava amplamente na definição da linha de ação do Partido, de tal modo que as propostas programáticas de reforma econômica do capitalismo (medidas contra a concentração econômica, democratização do crédito, tributação direta progressiva etc.) passavam a um segundo plano na ação parlamentar, pois elas dificultavam acordos e compromissos com membros do bloco conservador (isto é, representantes dos grupos sociais dominantes, contrários a essas propostas). A parte dos programas radicais que entrava verdadeiramente em jogo na ação parlamentar do partido era aquela que correspondia às aspirações democráticas da classe média. De todo modo, o pequeno comércio permaneceu alinhado com o campo progressista na Terceira República, mesmo que as suas metas programáticas não tivessem sido concretizadas. A sua posição mudou após a Segunda Guerra Mundial; nesse período, manifestou-se uma inclinação para a direita, que o levou a se converter, na década de 1950, em importante base social do poujadismo, movimento de extrema direita que antagonizava a expansão do grande capital (preconizada pelo general De Gaulle) e os movimentos de esquerda (como a SFIO e o PCF).

Já a atuação da classe média na Terceira República será melhor entendida se a análise voltar brevemente à primeira metade do século XIX. A Revolução política burguesa de 1789-1795, ao destruir os obstáculos jurídico-políticos à implantação do capitalismo, destravou o desenvolvimento das forças produtivas. Mas esse desenvolvimento foi relativo; após um período político progressista (o Consulado e o Primeiro Império bonapartista), em que se instaurou o direito privado burguês (indispensável, por seu caráter contratual, às relações de produção capitalistas) e se montou uma máquina estatal de cunho burocrático (apta a induzir a acumulação de capital e a promover políticas de investimento), sobreveio o período reacionário da Restauração (1814-1830), em que os círculos dirigentes procuraram frear o desenvolvimento da manufatura, e favorecer os interesses da grande propriedade fundiária, exportadora de produtos agrícolas. Essas condições políticas negativas impediram que a economia francesa rumasse, nesse período histórico, com a mesma cadência registrada na Inglaterra, para a implantação de um setor econômico fundado na grande indústria moderna (como o Lancashire), distinto das antigas regiões manufatureiras (como a região de Londres). Não obstante esses fatores, a manufatura francesa continuará a progredir, e, com ela, a urbanização, de resto estimulada pela forte política bonapartista de implantação de um sólido e extenso aparelho burocrático estatal. Por essas razões, crescem, ainda na primeira metade do século XIX, o grupo dos trabalhadores da manufatura e a classe média ligada ao aparelho burocrático estatal (funcionários públicos) e ao aparelho urbano de serviços (profissionais liberais, tabeliões, bancários, jornalistas etc.). O grupo dos trabalhadores manufatureiros será compelido pelo clima repressivo da Restauração a promover sucessivas revoltas: 1830, 1833, 1834. Mas a instauração de um novo regime monárquico após a Revolução de 1830 (a "Monarquia de Julho") não será suficiente para conter o ímpeto revolucionário do operariado de manufatura. Em 1848, esse grupo social, aliado à classe média urbana, logra derrubar a Monarquia e instaurar a República. Este novo regime político, no entanto, terá fôlego curto, sendo substituído em 1852, por obra da ação desestabilizadora do presidente da República recém-eleito (Luís Bonaparte), por uma ditadura imperial. Mas os germes da política socialista já tinham sido inoculados no operariado de manufatura. As ideias de Saint-Simon, Proudhon, Cabet e Blanqui conquistavam adeptos numerosos nesse segmento social; e elas se mostraram presentes na revolução proletária de 1871, que resultou na breve experiência de construção de um Estado popular: a "Comuna de Paris".

A classe média, que se encontra em processo de constituição econômica e ocupacional no início do século XIX, começa a se mostrar ideologicamente visível na década de 1830. A condição de trabalhadores não manuais, desejosos de reconhecimento e ascensão sociais, incompatibiliza os membros dessa classe com a aristocracia, empenhada em recuperar as suas prerrogativas sociais e em impedir que os grupos plebeus melhorem as suas posições relativas na hierarquia social; e com a Igreja, sempre pronta a difundir a ideologia aristocrática, e a aconselhar aos plebeus uma atitude fatalista diante da vida. Mas a classe média também se choca com o operariado de manufatura, pois já emerge um pendor socialista e coletivista no operariado, durante o ciclo das revoluções populares: 1830, 1833, 1834, 1848, 1871. Desde as suas primeiras manifestações públicas, a classe média se declara antiproletária e antissocialista. A sua ideologia prática de grupo social se encontra subjacente a tais manifestações públicas: a classe média, por não desempenhar trabalho braçal, sente-se qualitativamente superior aos trabalhadores, mas teme a competição social deste setor. Ou seja: ela teme que o operariado de manufatura (mais tarde, o operariado fabril) procure igualar ou superar a sua posição na hierarquia do trabalho e na hierarquia social. Mas esse temor social prático é ocultado, dos outros e dela mesma, por um discurso visceralmente antissocialista e aparentemente simpático aos membros individuais do operariado de manufatura. Esse discurso defende o princípio da propriedade privada; e, ao mesmo tempo, o acesso individual de todos os assalariados à condição de proprietários. Segundo Léon Bourgeois, ideólogo da classe média, a propriedade individual é a garantia necessária da liberdade, dignidade e atividade humanas. O discurso público da classe média visualiza a possibilidade de construção, no futuro, de uma sociedade democrática de proprietários individuais. Na ação parlamentar e ministerial dos movimentos políticos de classe média, no entanto, não encontramos muitas propostas de defesa dos pequenos proprietários individuais. A verdadeira ideologia prática da classe média aparece na posição que os seus melhores representantes (os escritores progressistas, ou que se viam como tais, como Émile Zola) tomaram diante dos eventos da Comuna de Paris (1871): a Comuna teria sido, antes de mais nada, um evento perturbador da paz e da tranquilidade da sociedade (isto é, da burguesia e da classe média).

Na segunda metade da década de 1860, uma relativa liberalização da ditadura imperial de Bonaparte cria as condições institucionais necessárias ao surgimento de um movimento político de classe média. Esse movimento político apresenta, do ponto de vista programático, um núcleo duro, bem como um conjunto de metas periféricas, que podem: a) aparecer e desaparecer dos programas eleitorais dos partidos e correntes que o representam; b) estar ausentes da prática parlamentar desses partidos e correntes. Integram o núcleo duro de metas programáticas do movimento político da classe média pós-imperial: a) a implantação da escola primária pública, gratuita e obrigatória; b) a laicidade do Estado francês; c) a implantação do imposto de renda, segundo o princípio da progressividade. Essas metas evidenciam a intenção de "aperfeiçoar" e "racionalizar" o Estado capitalista; tal intenção, obviamente, liga-se ao objetivo básico da ação política da classe média: a busca de sua valorização econômica e social, enquanto grupo de trabalhadores não manuais. O núcleo variável das metas programáticas do movimento político da classe média é integrado por dois tipos de propostas. O primeiro tipo se compõe de medidas que aproximem institucionalmente o Estado capitalista francês, estigmatizado por dois períodos ditatoriais (o primeiro e o segundo bonapartismos), de Estados capitalistas mais avançados (anglo-saxão, suíço): implantação do *self-government* (eleição direta de juízes e burocratas), dissolução do Exército permanente, constituição de uma Milícia Nacional etc. Essas metas são ocasionais e não orientam a prática parlamentar dos movimentos políticos; elas parecem se chocar com a convicção mais profunda da classe média francesa de que o Estado burocratizado e centralizado é o melhor modelo para a Nação francesa. O segundo tipo se compõe de apelos à reforma social ou trabalhista: redução dos impostos indiretos, limitação do número de horas diárias de trabalho etc. Essas propostas parecem ter um caráter tático: elas aparecem quando os movimentos políticos de classe média procuram celebrar alguma aliança eleitoral ou parlamentar com o partido socialista. Mas a inclinação visceralmente antiproletária da classe média dificulta a inscrição permanente desse tipo de proposta nos programas de movimentos de classe média.

Há, entretanto, uma meta que é difícil classificar como um objetivo integrante do "núcleo duro" ou, inversamente, do "elenco variável" de metas do movimento político da classe média. Trata-se da política colonialista. A classe média francesa é republicana; e encara o seu republicanismo como a negação dos princípios aristocráticos de organização da sociedade e do Estado. Mas o seu republicanismo é um republicanismo de grande potência, colonialista e expansionista. Entre os filósofos iluministas do século XVIII, é difícil encontrar algum que condene, por princípio, o colonialismo, a escravidão e o expansionismo territorial: o que vale para as "nações civilizadas" não pode valer automaticamente para as "nações bárbaras"... Para a classe média francesa (para não falar de outras classes médias europeias), o colonialismo faz **naturalmente** parte do nacionalismo, e não pode haver republicanismo (culto à República) sem nacionalismo (culto à Nação). Portanto, parece natural que o republicano seja a favor das políticas colonialistas do seu país; ele pode divergir do momento, da oportunidade, das condições, mas não pode criticar o próprio princípio fundador das políticas colonialistas: a superioridade moral das "nações civilizadas". Encontramos manifestações de apoio a políticas colonialistas em preâmbulos, documentos de Congresso, intervenções pessoais de deputados etc. Mas os programas eleitorais tendem a não abordar explicitamente a questão; ela é discutida, no Parlamento e na imprensa, a partir de casos concretos: intervir, ou não, na China, no Marrocos, em Madagascar? Na discussão desses casos, nem sempre predomina a afirmação de posições de princípio; muitas vezes, a polêmica se trava em torno da conveniência conjuntural de uma intervenção militar (balanços sobre o equipamento militar, sobre a possibilidade ou não de procedimentos diplomáticos, sobre a legalidade dos tratados do passado etc.). O que podemos constatar, através da análise da história política da Terceira República, do exame da política externa dos governos republicanos e da revisão dos debates parlamentares sobre a política colonial, é que os governos republicanos foram essencialmente colonialistas, e que a Terceira República foi um período de reafirmação da orientação colonialista do Estado francês.

Por trás dessa orientação, estiveram tanto a aristocracia militarista, saudosa de grandes conquistas do passado, e a classe média, convencida da articulação perfeita entre republicanismo, nacionalismo e colonialismo.

Para encerrar a abordagem da inclinação nacionalista da classe média, é preciso mencionar o seu papel na criação de um clima social favorável à revanche contra a Alemanha. A França foi derrotada em 1870, no conflito franco-prussiano, tendo sofrido pesadas perdas territoriais e financeiras. A "humilhação" imposta pelo Exército alemão à França empurrou esta última para a vanguarda da militância revanchista. Em 1882, surge a Liga dos Patriotas, cuja função suprema é mobilizar a opinião pública para a revanche contra os alemães. A Liga estimula a formação de Sociedades de Ginástica, cujo papel seria mobilizar a juventude para a revanche (tais sociedades, claramente revanchistas, foram defendidas pelo governo republicano de Jules Ferry). Para o mais excêntrico dos ativistas revanchistas, Paul Déroulède, a função da Liga dos Patriotas seria: a) mobilizar e enquadrar a juventude; b) inculcar espirito cívico e amor à pátria nas crianças; c) promover a junção entre ideia republicana e sentimento patriótico. Percebe-se, nessa formulação, a inteligência de Déroulède: ele compreende que, se o sentimento republicano não for controlado pelas forças patrióticas, ele pode se inclinar para um cosmopolitismo pacifista, nocivo à nação. Para os militantes da Liga dos Patriotas, deve haver um claro vínculo entre a revanche e a educação dos jovens. Cabe à Liga convencer os professores a propiciar uma formação pré-militar aos alunos: a educação física deve ser encarada como o fundamento da instrução militar.

Pode-se talvez dizer que a revanche é uma das metas programáticas dos movimentos políticos de classe média, que entram numa fase organizacional mais intensa justamente após a derrota francesa. Mas essa meta aparece em documentos político-institucionais de maneira velada, escondendo-se muitas vezes sob as alusões ao caráter positivo, moral e justo das políticas expansionistas e colonialistas (a reconquista da Alsácia-Lorena, perdida para os alemães, poderia, aliás, ser qualificada pelos patriotas como uma "expansão moral e justa"). Portanto, ao falarmos, doravante, do nacionalismo republicano da classe média, estaremos incluindo nessa definição não apenas a legítima defesa contra invasores, como também o colonialismo e a revanche.

Vejamos agora a inserção da classe média francesa na ação político-institucional durante a Terceira República. Derrubado o Império e instaurada uma República parlamentarista de cunho pluripartidário, estão criadas as condições políticas para que a classe média tome iniciativas no plano organizacional. O republicanismo de classe média, com inclinações liberais reformistas, já estava presente na década de 1840; e coexistiu, na Revolução de 1848, com o republicanismo **social** dos trabalhadores urbanos (ambos finalmente derrotados pelos grupos sociais dominantes, reunidos em torno do ditador imperial). Dissolvida a ditadura imperial em 1870, a classe média republicana vai se tornar progressivamente mais ativa no plano político, sem, no entanto, se alçar rapidamente ao plano partidário. Em 1866 (portanto, em plena ditadura imperial, ainda que em sua fase final), grupos republicanos de classe média haviam fundado a Liga do Ensino, onde estavam presentes muitos dos intelectuais que, nos anos 1880-1890, seriam as grandes lideranças dos movimentos republicano e radical. O lema da Liga já sugere que os seus objetivos transcendiam o mero campo educacional: "Pela pátria, através do livro e da espada". Obviamente, essa entidade se coloca, desde a sua fundação, na vanguarda da ação propagandística em prol da escola primária gratuita, obrigatória e laica, da separação entre Estado e Igreja, e da difusão do sentimento patriótico (leia-se: revanchista e colonialista). É normal, portanto, que, após 1901, ela tenha sido incorporada ao Partido Radical. O período imediatamente pós-imperial é um período de emergência de comitês eleitorais que trabalham em prol de candidatos pertencentes ao movimento republicano em sua fase pré-partidária. Para muitos estudiosos, os comitês eleitorais são a célula básica da vida política francesa, mas, paradoxalmente, não têm nenhuma vinculação orgânica com o seu topo: o processo parlamentar. Mais claramente: os comitês eleitorais mobilizarão os votantes a favor de certos candidatos; porém, os candidatos eleitos não terão nenhuma conexão com a massa eleitoral, e celebrarão acordos parlamentares à margem do programa eleitoral apresentado aos eleitores. A conclusão dos politólogos franceses é a de que, na Terceira República, a fração parlamentar é soberana, manipulando a massa mobilizada pelos comitês eleitorais. Forma-se assim uma elite parlamentar que mantém as massas à distância do processo decisório. Esta característica geral do processo político da Terceira República explica que o programa eleitoral dos candidatos republicanos se divida em duas partes: o núcleo duro (fixo) de itens e um elenco variável de propostas. Os candidatos republicanos se comprometem com o núcleo duro do programa, pois ele corresponde à ideologia prática própria ao grupo social que de fato representam. Os itens variáveis têm um caráter instrumental: eles se destinam a mobilizar eleitoralmente indivíduos não pertencentes ao grupo social de fato representado pelos republicanos: a classe média. Assim, por exemplo, reivindicações trabalhistas figuram em alguns programas republicanos; mas a sua presença se explica, não pela sensibilidade social da classe média, e sim pelo objetivo republicano de subtrair alguns votos aos candidatos socialistas, em ascensão durante a Terceira República. Por isso, tais reivindicações tendiam a ser deixadas de lado após a vitória eleitoral do candidato republicano, até mesmo por se constituírem em elemento dificultador de negociações e compromissos com o bloco conservador.

Com a demissão do presidente da República, o general Mac Mahon, em 1879, encerra-se o "período de transição da ditadura militar imperial para a república presidencial-parlamentarista". Segundo alguns estudiosos, seria este o marco inicial da Terceira República, e não a queda de Napoleão III, em setembro 1870. E isso porque, com a demissão de Mac Mahon, desaparecem os resíduos militares e autocráticos que haviam subsistido no quadro institucional, mesmo após a queda do imperador. A desmilitarização da Presidência e, consequentemente, do processo de indicação do Conselho de Estado, vai abrir espaço para o avanço da organização política de um grupo social específico: a classe média. A aristocracia não tem como avançar rumo à construção de um partido político próprio; ela é adepta incondicional da Monarquia e se inclina naturalmente para o apoio à corrente legitimista (representante da dinastia Bourbon). A burguesia se vê atraída pela dinastia mais progressista e liberal: a dinastia orleanista que, na Monarquia de Julho, muito recorreu aos serviços do político e intelectual François Guizot, protestante e liberal. Polarizada pelos orleanistas, a burguesia se mostra incapaz de liderar a construção de um grande partido burguês, nacional e de massas. Quanto aos socialistas: a repressão (mortes, aprisionamento, exílio) se abateu sobre eles durante a Comuna de Paris (1871); somente no século XX, as novas gerações, agregadas a alguns veteranos, avançarão na direção da construção de um partido político: a SFIO (1905). A classe média republicana se cindirá em dois subgrupos relativamente organizados, porém de caráter não partidário: os republicanos moderados ou "oportunistas" (esclareça-se: historicamente nomeados como tais), e os republicanos radicais. Esses dois subgrupos se alternaram na condução da política de Estado. O grupo "oportunista" (composto por personalidades como Jules Simon, Jules Grévy, Gambetta, Jules Ferry) dirigiu, de modo geral, a política governamental de 1880 a 1902. Seu modo de ação característico foi a busca do cumprimento do programa mínimo da classe média republicana (Escola Pública, laicidade, separação entre Estado e Igreja, apoio à ação colonizadora), com o apoio de segmentos conservadores. Na gestão "oportunista", tenderam a ser descartados aqueles itens programáticos que se deviam sobretudo à intenção de mobilizar o apoio de correntes socialistas. Na verdade, as críticas feitas aos moderados pelos políticos radicais exprimiam a exigência de que a corrente republicana fosse além da representação política da classe média. Mas essa exigência era inviável por duas razões. Em primeiro lugar, os republicanos não poderiam negar a sua condição (verbalizada inúmeras vezes, em documentos escritos e em debates parlamentares) de representantes políticos da classe média. Em segundo lugar, uma política social e trabalhista não teria apoio suficiente na Câmara dos Deputados. Desde 1884 (ano da derrubada da lei antissindical), a classe operária em expansão tendeu a se envolver no movimento sindical anarcossindicalista (antipartidário e antiparlamentar); e, por essa razão ideológica e política, esteve pouco presente no Parlamento.

Em 1901, é fundado o Partido Republicano Radical e Radical-Socialista, conhecido correntemente como Partido Radical. A sua fundação é uma reação ao "oportunismo" da corrente republicana, que, por uma via ou outra, dominou os gabinetes nas duas últimas décadas do século XIX. Para a maioria dos cientistas políticos franceses, o Partido Radical se tornou imediatamente o **partido dominante** no regime político francês; e manteve essa condição até a destruição do regime, como consequência da ocupação da França pelo Exército alemão. Assim Maurice Duverger, criador do conceito, define "partido dominante":

> Qualificava-se então de dominante, em um sistema pluralista de partidos (multipartidarismo ou bipartidarismo), um partido que apresentasse os dois caracteres seguintes: 1º) nítido afastamento de seus rivais na totalidade de um período (mesmo que acontecesse, excepcionalmente, de ser ultrapassado em uma eleição); 2º) identificar-se com a totalidade da nação, suas

> doutrinas, suas ideias, seu estilo de certo modo, coincidindo
> com os daquele período. O Partido Radical durante uma certa
> fase da Terceira República, os partidos social-democratas na
> Escandinávia: eram os tipos que haviam servido para definir
> esta noção de dominação. (DUVERGER, 1968: 386-387)

Para tornarmos operacional esse conceito pioneiro, devemos agregar alguns indicadores da "dominância partidária" no contexto de um regime parlamentarista e multipartidário. A dominância partidária pode se exprimir, em tal contexto, de diferentes maneiras: a) o partido logra indicar o primeiro-ministro, e, por essa via, definir o rumo da política governamental; b) o partido logra indicar vários ministros, controlando especialmente ministérios de grande relevância para a execução da política governamental; c) o partido detém a maioria parlamentar, controlando por essa via indireta e negativa a orientação da política governamental; d) o partido preenche todas essas condições ao mesmo tempo, o que é uma situação rara, mas possível em certos subperíodos. Para alguns autores, o Partido Radical se tornou efetivamente o partido dominante entre 1902 e 1940 porque as suas ideias centrais (e não, necessariamente, os seus programas formais) refletiam o "estado de espírito" da época. Dito de uma maneira mais direta: a ideologia da classe média exerce uma influência considerável na sociedade, durante a Terceira República. A dominância do Partido Radical nesse período é de fato incontestável: os radicais ocuparam por inúmeras vezes o cargo de primeiro-ministro (León Bourgeois, Ferdinand Buisson, Charles Floquet, Émile Combes, Édouard Herriot); por 22 vezes o cargo de ministro do Interior (chefe geral da segurança pública); por 21 vezes o cargo de ministro da Instrução Pública; e por 19 vezes o cargo de ministro da Agricultura.

Como comparar as duas fases de governo republicano: a fase oportunista e a fase radical? Na verdade, a despeito das críticas persistentes dos políticos radicais aos governos oportunistas, frequentemente qualificados como "traidores" do espírito republicano, as duas fases se assemelham quanto ao que realmente foi executado pelo Estado: as políticas educacional, religiosa e externa, todas orientadas, num período e no outro, na direção das aspirações da classe média. Mas há uma diferença importante de atitude entre as duas correntes republicanas: os oportunistas descartam explicitamente de seus programas de governo as propostas que eles qualificam como "utópicas" (leis do trabalho, redistribuição de renda etc.), por considerarem que elas apenas inviabilizam a negociação com o bloco conservador na Câmara dos Deputados. Já os radicais chegam a incluir propostas reformistas em seus programas de governo; mas logo o desequilíbrio de forças no Parlamento (onde os partidários do compromisso político, monitorado pelo capital bancário, são maioria, e os partidários de reformas sociais são minoria) os leva a posições mais realistas, onde as "utopias" não têm lugar. Entenda-se que o "senso de realidade", conquistado por muitos políticos radicais durante a sua vida parlamentar, é apenas uma cobertura teórica (isto é, uma ideologia de segundo grau) para o seu alinhamento orgânico com a perspectiva da classe média francesa. É interessante mencionar que muitos políticos radicais, como o lendário Clémenceau, começaram a sua carreira política no que denominavam a "extrema esquerda" do movimento republicano (proposta de leis sociais, aliança com os socialistas, ataque às empreitadas colonialistas); e terminaram, a exemplo de Clémenceau já primeiro-ministro, como agentes repressores das greves operárias, opositores das leis sociais e defensores de novas ofensivas colonialistas. Na verdade, a legislação social e trabalhista foi conquistada na França, entre 1936 e 1938, por um governo de Frente Popular, do qual participavam socialistas, comunistas e radicais, estando o poder decisório de fato concentrado nas mãos dos socialistas, liderados pelo primeiro-ministro León Blum. Nesse governo, a participação dos radicais foi secundária, o que explica indiretamente a vitória da esquerda na aprovação do programa de reforma social. Caso o Ministério fosse comandado pelo Partido Radical, ele não teria logrado obter apoio da base parlamentar radical, cujas inclinações antissocialistas e antiproletárias eram conhecidas.

Não podemos, aqui, reconstruir a história dos governos representativos da classe média na Terceira República. Essa empreitada nos distanciaria de nosso objetivo central: a análise das bases ideológicas da ação governamental implementada pelas correntes republicana moderada e radical ao longo desse período histórico. Já tentamos caracterizar, de modo panorâmico, a orientação ideológica, a nosso ver tipicamente de classe média, dos governos da Terceira República. A título de encerramento desta análise, vamos comparar as características de dois governos específicos, cada um deles altamente representativo de uma das duas correntes políticas ligadas à classe média: os moderados (ou "oportunistas") e os radicais.

Para representar o grupo moderado, escolhemos Jules Ferry, mundialmente conhecido como o criador da Escola Pública contemporânea. Em algumas obras sobre a Terceira República, destaca-se a origem protestante de Ferry, o que talvez ajude a explicar as suas formulações sobre a necessidade de "espiritualidade" na vida escolar. Esse dado biográfico também nos leva a refletir sobre a presença prolongada do protestante Ferdinand Buisson à frente da diretoria do ensino primário, nos períodos em que Ferry foi primeiro-ministro, ministro da Instrução Pública, ou então ocupou os dois cargos simultaneamente. Em outras obras sobre o período em questão, Ferry é apresentado como membro da corrente positivista. Ser protestante e positivista ao mesmo tempo não é algo impossível, se "positivismo" significar, para o praticante dessa articulação, a adoção de uma postura cientificista, metodologicamente próxima do positivismo littreísta[1] e filosoficamente distante da "Religião da Humanidade" proclamada pelo Comte da última fase. Um indício de que Ferry talvez realizasse essa operação complexa de "fusão" (que seguramente não seria aceita por um positivista comtiano ortodoxo) é a escolha de Buisson como seu auxiliar direto na área da educação primária: esse grande intelectual, que logrou alcançar em sua época um prestígio mundial, é explicitamente qualificado na bibliografia como adepto simultâneo do protestantismo e do positivismo científico. Talvez a situação intelectual complexa de Ferry e Buisson simbolize um fato social mais amplo: a coexistência explícita das correntes positivista e protestante da classe média, na luta

---

[1] Trata-se da corrente positivista capitaneada pelo filósofo e cientista Émile Littré, defensor das ideias do jovem Auguste Comte.

pela instauração do ensino laico, público, gratuito e obrigatório. Enfrentando um adversário poderoso (a Igreja católica), as duas correntes logo compreenderam que deviam atuar conjuntamente. Essa atuação conjunta foi visível em dois planos específicos: a) a distribuição de cargos no aparelho educacional do Estado, após a instauração da Escola Pública (coexistência pacífica de protestantes e positivistas); b) a aliança tática das duas correntes para a produção dos novos manuais escolares, que varressem os resíduos da influência católica no mundo escolar público (um exemplo sugestivo dos efeitos positivos dessa aliança: depois das leis de 1882-1883, os manuais de história passaram a mencionar, pela primeira vez na história escolar da França, o episódio conhecido como "a Noite de São Bartolomeu", o massacre dos protestantes pela milícia burguesa católica, no século XVI, determinando o declínio da Reforma protestante na França). As bases ideológicas dessa aliança são visíveis: o anticlericalismo de protestantes e de positivistas serve igualmente à luta pela laicização do Estado e da Escola, e esse combate, por sua vez, está claramente relacionado à oposição da classe média à influência aristocrática sobre o Estado e a Escola. Isso significa que tanto o protestantismo quanto o positivismo podiam auxiliar a classe média na sua luta pela remoção das componentes aristocráticas da sociedade e do Estado capitalistas.

Como membro destacado do grupo republicano moderado, Jules Ferry é chamado, em duas oportunidades, a comandar o governo: o período 1880-1881 e o período 1883-1885; em certos momentos, acumula os cargos de primeiro-ministro e de ministro da Instrução Pública, sempre auxiliado por Ferdinand Buisson na diretoria do ensino primário. No conjunto dos dois subperíodos, Ferry estabelece as bases para uma nova política educacional pública: implantação do ensino público primário gratuito, laico e obrigatório (leis de 1881-1882), criação de liceus (ensino secundário) para meninas. As concepções subjacentes à legislação preparada por Ferry exprimem os pontos de vista educacionais predominantes na classe média republicana. Esse grupo social considera socialmente necessária a intervenção estatal na educação; mas se opõe ao monopólio estatal da educação. Para a classe média, a competição social, que definirá quais indivíduos ocuparão os postos mais elevados da hierarquia do trabalho e da hierarquia social, só existirá de fato se todos os indivíduos tiverem acesso material à educação escolar. Ou seja: a democratização das oportunidades de ascensão na vida social e profissional só ocorrerá se todos indivíduos, independentemente de sua condição socioeconômica, tiverem possibilidades reais de inserção dentro do sistema escolar. Mas isso não significa, para a classe média, que o modo de inserção na esfera escolar tenha de ser o mesmo para todos os indivíduos. O sistema educacional deve se abrir para múltiplos modelos escolares. Nessa perspectiva, Ferry defende (como ocorreu até mesmo nos momentos culminantes da Revolução Francesa) a coexistência harmoniosa da Escola Pública e da escola privada; só essa coexistência pode impedir que o Estado imponha, por meio do monopólio educacional, uma forma única de pensamento a toda a sociedade. Mas a apologia da coexistência pacífica não impede Ferry de determinar a restauração legal, em 1880, do monopólio estatal da outorga de diplomas do ensino superior (ou: monopólio sobre a "colação de grau" na Universidade). Ferry procura, portanto, acomodar o conflito entre "liberdade de ensino" e "autoridade estatal sobre a educação". Ele admite a legitimidade dos dois princípios, o que significa que a "liberdade de ensino" deve ir até certo limite, que deverá ser fixado pelo Estado. Mas Ferry não define claramente a natureza desse limite; esse silêncio exprime a presença inconsciente da ideologia prática de seu grupo social (a classe média). O temor de que a instauração da Escola Pública obrigatória deságue na difusão escolar de uma ideologia estatizante leva Ferry, que de resto se declara "espiritualista", a propor uma instrução moral e cívica que respeite a religiosidade e proponha um tratamento "racional" à ideia de Deus. Ferry pensa que o dever da Escola Pública é inculcar uma moral **única**, que se harmonize com as diferentes confissões. Ferry se coloca, portanto, num terreno pantanoso, onde se procura conciliar a "condenação de toda religião de Estado" e "a inculcação da espiritualidade por parte do Estado". Esse "espiritualismo", não acompanhado da declaração de pertencimento a uma confissão específica, leva a uma certa flexibilização na prática da laicidade: a) a admissão, por Ferry e Buisson, da fixação de crucifixos nas salas de aula; b) a tolerância com relação à presença de freiras dando aulas em escolas laicas femininas; c) a utilização de manuais escolares de cunho claramente deísta etc. A flexibilidade do republicanismo moderado com relação à laicidade (Ferry, aliás, sempre se mostrou contrário ao rompimento da Concordata com o Vaticano) provocou protestos entre muitos professores da Escola Pública (sobretudo a partir de 1886, quando a legislação regulamentou a carreira de docente público e exigiu a laicização do professorado das escolas públicas). Essa flexibilidade, de todo modo, repercutia certas tendências em circulação na opinião pública republicana: como na época da Revolução Francesa, muitos intelectuais progressistas da Terceira República se declaravam anticlericais; e ao mesmo tempo cultivavam um "espiritualismo" de natureza variada, mas que desaguava sempre num certo respeito ao "fenômeno religioso" e à "religiosidade" (em três subperíodos – Iluminismo, Revolução Francesa e Terceira República –, havia poucos ateus no seio da vanguarda intelectual). A radicalização da política de laicização do Estado e da Escola só ocorrerá na década seguinte, com a ascensão do Partido Radical ao governo.

Devemos, agora, examinar outro aspecto central da política governamental de Jules Ferry: a sua política externa. Como se sabe, o núcleo dessa política é a prática do neocolonialismo. Muitos livros de História da França (ou da Terceira República) procuram distinguir o "bom Ferry" (educador) e o "mau Ferry" (agente do colonialismo francês). Tentaremos demonstrar a seguir que não há dois Ferry, e sim um único. A criação literária de dois Ferry é uma operação intelectual altamente ideológica; ela tenta sugerir que a criação da Escola Pública por Ferry é um fenômeno separado e, no limite, contraditório com a sua ação propagandística e política a favor da retomada de iniciativas colonialistas na Ásia e na África. Ora, Escola Pública e política colonialista são aspectos de uma mesma política de Estado capitalista, ambos aprovados pela base social permanente dos governos republicanos (oportunistas ou radicais): a classe média. Só mesmo um grupo social distinto da classe média poderia, ao mesmo tempo, criticar veementemente um desses aspectos e apoiar entusiasticamente o outro.

Esse foi o caso da aristocracia, representada no púlpito e no Parlamento pela alta hierarquia católica: esse grupo social negava, desde 1881-1882, a legitimidade social e moral da Escola Pública, e ao mesmo tempo dava firme apoio parlamentar às investidas neocolonialistas de Ferry na Ásia e na África.

Em seu duplo período de governo, Ferry promoveu a conquista da Tunísia (1881); a ocupação de parte do Congo, também cobiçado pela Alemanha (1883-1885); a invasão de territórios (Tonquim, Aname) pertencentes ao Império chinês (1881-1885). A derrota das tropas francesas diante do exército imperial chinês leva à derrubada do governo Ferry. De todo modo, pode-se constatar que o governo Ferry se lança, num período bastante curto (quatro anos), em ofensivas neocolonialistas no mundo árabe (Tunísia), na África Negra (Congo) e no mundo asiático (China). Essa atuação demonstra o caráter orgânico, e não acidental, da tendência neocolonialista do governo de Jules Ferry. León Gambetta, republicano moderado de uma geração anterior, exercera influência sobre Ferry, a favor da retomada de iniciativas neocolonialistas na África e na Ásia.

Deve-se levantar, neste ponto da exposição, uma questão teoricamente relevante: como Ferry concilia, em seu discurso político e parlamentar, "republicanismo" e "colonialismo"? O colonialismo não representaria a negação do republicanismo, como afirmava o líder radical Clémenceau no momento em que Ferry lançava sua ofensiva neocolonialista na Ásia e na África? Dito de outra forma: o igualitarismo, inerente ao republicanismo, não seria desmentido pela intenção política de estabelecer a dominação sobre outro povo? Como conciliar, portanto, "igualitarismo" e "dominação"? A resposta de Ferry a esse tipo de contestação é altamente ideológica: a) os povos europeus têm o **direito** de colonizar outros continentes, na medida em que têm o **dever** de lhes trazer a civilização. Para Ferry, existem, do ponto de vista biológico e fisiológico, dois tipos de raça: as "raças superiores" e as "raças inferiores". Ora, diz Ferry em maio 1884, durante sessão do Parlamento: "o direito de civilizar é inerente às raças superiores". Em 1885, durante os debates parlamentares sobre a ofensiva neocolonialista, Ferry sustenta: "[...] as raças superiores gozam de um direito na medida em que lhes cabe um dever: o de civilizar as raças inferiores". E, nesse mesmo ano, Ferry conclui a exposição dos fundamentos de sua política neocolonialista com uma afirmação mais audaciosa: a de que a Declaração dos Direitos do Homem não foi escrita para os negros da África Ocidental (MANCERON, 2006/2007: 61).

Diante dessa caracterização incisiva e arrogante da ação neocolonialista como uma iniciativa civilizatória, podemos compreender que, para Ferry e os republicanos moderados, deve haver um vínculo orgânico entre o neocolonialismo e uma instituição visceralmente civilizatória: a Escola Pública. O papel da Escola não é meramente difundir ciência e cultura. Ela está destinada, por sua ligação orgânica com o Estado nacional, a transformar as crianças em **cidadãos**. Mas em que tipo de cidadania se pensa aqui? Seguramente, não a cidadania propriamente política: isto é, a participação igualitária de todo o povo no processo decisório; ou, pelo menos, na escolha dos governos. O intelectual e político radical dos anos 1920, Albert

Thibaudet, sustenta que, desde a Revolução Francesa, vigora ideologicamente na França a distinção entre **cidadãos ativos** (a "elite") e **cidadãos passivos** (a "massa"). Segundo Thibaudet, essa distinção persiste na prática política de republicanos e radicais: a minoria social reunida nos comitês eleitorais compõe a categoria dos cidadãos ativos, ao passo que a maioria da sociedade compõe a massa. O autor não defende essa distinção; mas pondera, realisticamente, que ela está profundamente enraizada na sociedade francesa (THIBAUDET, 2006: 136-138). Na verdade, a cidadania que a Escola Pública deve construir é a preparação das crianças para servirem o Estado nacional que, constituindo-se numa grande potência capitalista, terá de se confrontar com outras potências (como a Alemanha) e outros povos (geralmente, pertencentes às "raças inferiores"). Em suma: a Escola Pública deve preparar o "soldado-cidadão" (noção já empregada desde um passado longínquo: ela está presente na prática ou nos escritos de chefes de Estado romanos como Júlio César, Otávio Augusto e Justiniano). Não é por acaso que a Liga Francesa do Ensino e a Liga dos Patriotas (ambas empenhadas em proclamar a vocação antes de mais nada "patriótica" da educação pública) desempenharam um papel relevante na consolidação do movimento republicano e radical de classe média. Voltaremos a explorar, no item seguinte, a conexão entre Escola pública e patriotismo (conservador), no caso francês. Mas queremos, desde já, chamar a atenção para a diferença, nesse terreno, entre a Escola Pública francesa, profundamente impregnada da mensagem patriótica em sua fase inicial, e a Escola Pública brasileira, típica de um país capitalista atrasado, onde a ideologia nacionalista conquista um apoio reduzido na massa da classe média, polarizada pelo cosmopolitismo ou pela subordinação ideológica às potências imperialistas.

Abordaremos agora o governo radical que nos parece ser o mais comprometido com o "núcleo duro" do programa político da classe média republicana (e, portanto, também de seus programas eleitorais): o governo de Émile Combes (1902-1905). Combes se apresentava como anticlerical e, ao mesmo tempo, "espiritualista"; começou sua carreira política dentro do grupo dos republicanos moderados, aderindo posteriormente ao grupo dos radicais. Exerce o cargo de primeiro-ministro entre 1902 e 1905. A seguir, dirige o Partido Radical até 1913. A sua gestão é basicamente pautada pela intenção de minar as posições da Igreja no Estado e na Escola. Um campo especial de atuação, para Combes, será a luta contra a participação das congregações religiosas na vida escolar. Em 1901 (gestão Waldeck-Rousseau), fora aprovada a Lei das Associações, segundo a qual as congregações religiosas deveriam ser autorizadas pelo Parlamento para meramente existir ou para ministrar educação escolar. Combes aplicará com grande rigor esse dispositivo legal, determinando o fechamento de um grande número de escolas confessionais e de seminários católicos, bem como a prisão de um contingente razoável de sacerdotes. Mas Combes também decide radicalizar a sua atuação, determinando o fechamento de muitos escolas congregacionais cuja existência havia sido autorizada. Ao mesmo tempo, Combes prepara o projeto de lei determinando a separação entre Estado e Igreja. O projeto será aprovado no último ano de sua gestão (1905); mas a sua aplicação concreta será iniciada em 1906, ficando a cargo do novo governo (Rouvier). Diferentemente de Ferry, que contornara o tema da Concordata, Combes rompe com o Vaticano em 1902, e revoga a Concordata vigente em 1905. O mandato de Combes foi curto; mas a sua firmeza no combate à presença da Igreja na Escola e na vida política suscitou entusiasmo na classe média republicana. Em 1906, graças à sua atuação, o Partido Radical já contava com 200 mil aderentes; isto é, tinha se convertido num partido de massa. A literatura histórica comenta que o governo Combes foi carente de realizações econômicas e sociais. Se essa carência pode, retrospectivamente, desagradar ao historiador progressista, ela não foi suficiente para incompatibilizar o governo Combes e o Partido Radical com a classe média. Os programas de realizações econômicas e sociais pareciam, a esse grupo social, uma concessão à esquerda e ao movimento proletário. O engajamento do governo radical em lutas de elevado teor ideológico (combate à Igreja e à aristocracia) parecia ser o modo de atuação que mais convinha ao tipo de progressismo próprio à classe média republicana.

A formação do sistema de educação pública na França (1880-1940)

O objetivo político das forças que dirigiram a instauração de um sistema de educação pública na França, quando analisado de modo retrospectivo, parece razoavelmente claro. Tratava-se de, respeitando a "liberdade de ensino" e a existência da escola privada, criar um aparelho escolar público que viabilizasse a universalização do acesso à educação elementar e, ao mesmo tempo, fosse o instrumento fundamental de difusão de um "espírito patriótico". No que diz respeito especificamente à Escola Pública, a meta ideológica da classe média republicana era que ela funcionasse como "Escola Única"; isto é, que ela fosse acessível a todos os grupos sociais, ministrando um ensino de igual qualidade a todos os alunos, independentemente de sua condição socioeconômica. Muitos adversários da Escola Pública argumentavam, na década de 1880, que a coexistência entre Escola Pública e escola privada, aceita pelos intelectuais e educadores republicanos, inviabilizava a unicidade educacional; e portanto, no contexto da educação capitalista, comprometida com o princípio da "liberdade de ensino", a Escola Única não passaria de uma utopia. Observe-se que esses adversários da Escola Pública argumentavam com má fé: nenhum educador progressista definiria a Escola Única como sinônimo de imposição, sem dúvida pelo Estado, de um padrão único de educação escolar (currículo, métodos, material didático, regras disciplinares, filosofia educacional etc.). As correntes republicanas e radicais, responsáveis pela instauração e, a seguir, pela expansão da Escola Pública, jamais defenderam a instauração do monopólio estatal da educação. Mas é certo que, ao seu ver, o ideal da Escola Única teria de se concretizar na Escola Pública, já que não se poderia exigir das escolas privadas, acessíveis apenas aos pagantes (e eventualmente a um pequeno número de bolsistas), a sua abertura aos membros de todos os grupos sociais, dominantes ou subalternos. Para republicanos e radicais, portanto, o foco da instauração da Escola Única só podia ser a Escola Pública; e a sua existência não bloquearia a vigência do princípio liberal e capitalista da "liberdade de ensino", que assegura a presença e a expansão do setor escolar privado.

A organização da convivência entre os princípios da liberdade de ensino e da autoridade pública na educação não é um processo simples: como definir que uma questão suscitada por essa convivência seja meramente administrativa ou fundamentalmente ideológica? No episódio, prolongado (de 1901 até os anos 1910), de interdição de escolas congregacionais por falta de autorização legal, nem sempre é fácil distinguir uma "questão administrativa" de uma "questão ideológica", sobretudo quando os contendores são um governante visceralmente anticlerical (por exemplo, Émile Combes) e membros da alta hierarquia católica (cardeais, bispos). É evidente que essa tensão entre a liberdade dos indivíduos e a responsabilidade do Estado é inerente à implementação de toda a política do Estado capitalista; e ela jamais poderá ser suprimida, salvo se ocorrer a destruição do próprio Estado capitalista. Do mesmo modo, não se pode detectar uma contradição ideológica na classe média republicana, quando ela defende simultaneamente a "liberdade de ensino" e o "ensino público, laico, gratuito e obrigatório". Ao fazê-lo, republicanos e radicais estão defendendo, simultaneamente, o princípio da liberdade de ação, indispensável ao funcionamento do capitalismo, e a responsabilidade do Estado na concretização dos direitos da cidadania (como o acesso universal à educação). O modo como esses dois princípios se acomodarão será variável, conforme o período ou a conjuntura; e é em torno desse modo de acomodação que girarão muitos conflitos ideológicos e políticos travados por grupos sociais que não põem em questão a existência do capitalismo (grupos sociais dominantes, classe média, pequena burguesia, campesinato parcelar).

É preciso agora avançar na definição dos contornos da noção de Escola Única, para que se possa entender o rumo assumido pela construção da Escola Pública na Terceira República. Até aqui, só explicitamos a dimensão horizontal dessa noção: todos os indivíduos, independentemente de sua condição socioeconômica, são incorporados ao universo escolar, recebendo educação de alta qualidade. Mas a noção de Escola Única apresenta também uma dimensão vertical: as etapas da educação escolar não são compartimentos estanques, que podem liberar os alunos ao fim do ciclo. Para os adeptos da Escola Única, a trajetória escolar é uma trajetória integrada, onde cada etapa prepara o aluno para a etapa seguinte. Percorrendo todas as etapas (primário, secundário), o aluno terá obtido uma formação intelectual e cultural integrada, que o torna apto à passagem ao ensino superior.

A caracterização das dimensões horizontal e vertical do ideal da Escola Única nos ajuda a entender a evolução da luta republicana e radical pela instauração da Escola Pública. Num primeiro momento (início da década de 1880), a oposição do clero e da aristocracia à Escola Pública é tão intensa que o alvo máximo da gestão Ferry só pode ser a instauração da escola pública primária (leis de 1881-1882). Esse ensino será laico, gratuito e obrigatório. Como o nível de frequência era baixo, e o absenteísmo alto, sobretudo nas escolas rurais, Ferry uniformiza os certificados de estudos primários em todos os departamentos, e instaura (lei de 1882) a obrigatoriedade da certificação.

Como atua concretamente a Escola Pública criada pelo governo Ferry? O intelectual protestante Ferdinand Buisson, ao mesmo tempo influenciado pelo positivismo, é um divulgador das ideias de Norman Allison Calkins (propositor de uma educação escolar fundada nas "Lições de Coisas") no continente europeu; e um defensor da pedagogia ativa, que valoriza a experiência do aluno e sua capacidade de observação. Buisson é um crítico dos métodos tradicionais como a cópia, a memorização e o ensino regular do latim. É difícil avaliar o quanto essa crítica dos métodos tradicionais terá sido efetivamente incorporada à prática escolar. O peso da Igreja, a influência concreta da aristocracia e o respeito da opinião pública pela cultura clássica talvez tenha contribuído para reduzir o efeito, no nível da sala de aula, de diretivas pedagógicas oriundas de um país sem tradição feudal e com formação religiosa protestante (EUA). De qualquer modo, essas conjecturas apenas retomam algumas dúvidas, apresentadas em ensaios franceses, no que diz respeito à renovação pedagógica promovida pela Terceira República. É claro que se trata de uma questão de difícil abordagem para o historiador contemporâneo, que não dispõe de muitos meios para a reconstrução do cotidiano da sala de aula de um século atrás.

Mas o que se poderia dizer sobre a ideologia vigente na escola primária de Jules Ferry? Já esclarecemos que Ferry, como muitos republicanos/radicais, declara-se "espiritualista"; essa postura o obriga a flexibilizar o seu compromisso com a laicidade da Escola Pública. Os crucifixos em sala de aula são, em tese, aceitos por Ferry e Buisson, que colocam a decisão, a cada caso, nas mãos das autoridades municipais (sabendo de antemão que estas, no mínimo por eleitoralismo, decidirão favoravelmente). E Ferry adverte os professores de que eles deverão respeitar a autonomia das famílias quanto a crenças religiosas. Os manuais escolares são frequentemente de orientação deísta, destacando a importância do respeito à "figura de Deus", o que provocará a revolta de muitos professores adeptos da laicidade absoluta da Escola. Finalmente, registre-se que Ferry defende a necessidade absoluta de a Escola Pública inculcar uma moral social, independentemente do trabalho educativo feito, nesse terreno, pelas famílias dos alunos. Em *Carta aos professores*, Ferry sustenta que um papel central da Escola é a difusão de uma moral elementar: "Uma moral que não contrariasse nenhum homem honesto". Há, portanto, uma certa diferença entre a laicidade escolar para Ferry e a laicidade escolar para Combes; no entanto, ambos se declaram "espiritualistas". Mas isso significa que o seu espiritualismo não os impede de assumir posturas diferenciadas no plano político-institucional (a moderação de Ferry diante da Igreja contra o radicalismo anticlerical de Combes).

Mas há outro aspecto fundamental na gestão educacional de Ferry: ele defende uma educação "patriótica". A derrota francesa para a Alemanha ocorreu em 1870; mas, na década de 1880, o revanchismo francês ainda está em ascensão. O patriotismo exaltado por Ferry se liga, obviamente, ao revanchismo; mas ele também resulta do envolvimento do governo Ferry num novo ciclo de iniciativas neocolonialistas (Tunísia, Congo, Madagascar, China, Indochina). Durante a sua gestão, Ferry promove a distribuição, nas escolas públicas, de 20 mil exemplares de *Chants du Soldat* ("Cantos do

Soldado") de Paul Déroulède. E propõe que os alunos se submetam a exercícios militares, bem como promovam "batalhas escolares". O revanchismo terá uma carreira sólida dentro do mundo escolar francês; na década de 1900, professores resistem ao uso de manuais escolares que propagandeiam o patriotismo revanchista. Não se nota nenhum embaraço ideológico em Ferry quanto à coexistência, em seu discurso, de "republicanismo" e "colonialismo": o dever do homem republicano, integrante de uma sociedade civilizada, é promover a expansão territorial de seu país, levando, por essa via, a "civilização" a países "bárbaros".

A instauração do ensino público primário é mal recebida por dois tipos de grupo social: os grupos sociais dominantes (a aristocracia e, de maneira menos ostensiva e mais indireta, a burguesia) e grupos sociais dominados (os trabalhadores industriais, o campesinato dependente). Há apenas um grupo social que manifesta seu apoio à Escola, encarada como o veículo da ascensão social e profissional: a classe média. Surgem assim as resistências sociais à escolarização obrigatória. Para as famílias camponesas, a escolarização obrigatória tende a privá-las de mão de obra. Para os proprietários fundiários, a escolarização obrigatória, melhorando o nível intelectual da população rural, fará a mão de obra dos campos migrar para as cidades. Para os membros do clero, as ambições educacionais, inculcadas pela Escola Pública, acabam desvirtuando a criança, convertendo-a num **ser desclassificado**.

Essa resistência social à escolarização obrigatória, por parte de dominantes e dominados, explica que mais de 50 anos tenham se escoado antes da proclamação legal da gratuidade do ensino secundário, entre 1930 e 1933. A França foi o primeiro país europeu a adotar a gratuidade do ensino secundário. Mas a demora na continuação da instauração da Escola Única, desejada por republicanos/radicais, sugere que a oposição de católicos, monarquistas e conservadores (agora, contando com o apoio surpreendente de certos contingentes protestantes), tornou-se maior nessa etapa, dado que privilégios educacionais maiores (ensino secundário, ensino médio, bacharelado) começavam a entrar em disputa. Edouard Herriot – intelectual, escritor e político radical (tendo sido primeiro-ministro e ministro da Educação) – foi um dos mais ardorosos combatentes a favor da gratuidade do ensino secundário. Herriot, em seu livro *L'école et la vie* (1917), bem como em suas conferências e discursos, sempre defendeu que o ensino secundário deveria ser uma via de acesso de todos os alunos ao ensino médio e, posteriormente, ao ensino superior. Na sua perspectiva, o ensino médio deveria se diferenciar em vários ramos, que atendessem às diferentes necessidades psicológicas dos alunos. Mas a Escola Pública não deveria trabalhar com a suposição de que, na prática, caberia direcionar os filhos de trabalhadores manuais para o ensino técnico e promover as crianças da classe média para os ramos mais intelectuais da trajetória escolar: ensino médio e superior. Não se detecta, na intelectualidade republicana/radical francesa, a intenção de empurrar os pobres para o seu "lugar" (o ensino técnico), dentro do mundo escolar; e de alçar as crianças de "melhor formação" ao "topo do sistema" (a Universidade). Esse "realismo educacional" pode se encontrar nos intelectuais de classe média em países como os EUA e o

Brasil, onde a classe média não aprendeu (como na França) a ser mais prudente, cautelosa e sensível com relação aos trabalhadores manuais, por não ter testemunhado sucessivos movimentos insurrecionais proletários, como a classe média francesa no século XIX. A classe média norte-americana e a classe média brasileira assistiram, nesse século, a dois movimentos de elite em prol da multietnicidade: a Guerra de Secessão nos EUA, e a Abolição da escravidão no Brasil. Nenhum desses acontecimentos foi suficiente para induzir a classe média desses países ao resgate de sua dívida social para com os ex-escravos. Ao contrário: a convicção sobre a inferioridade racial e civilizatória dos negros africanos tornou a classe média da América escravista (EUA e Brasil, entre outros) relativamente indiferente quanto ao destino educacional dos ex-escravos. Voltemos ao pensamento educacional dos intelectuais republicanos e radicais: eles pensam ser possível, através da ação intelectual, reverter esse quadro social e alçar os alunos proletários às melhores posições dentro do sistema educacional. Para Herriot, a Escola Única é aquela que leva alunos não saídos das elites econômica e social a se alçarem à elite intelectual. Em suma, o ideal da Escola Única é construir uma elite intelectual que não seja oriunda das elites econômica ou social, e sim das "massas".

O intelectual e filósofo radical (mas não filiado ao Partido) Alain (pseudônimo de Émile-Auguste Chartier) pensa o sistema educacional nessa mesma direção. Ao invés de adotar uma posição "realista", e de se empenhar na construção de "grupos de excelência", que incorporem a minoria de alunos aquinhoados com maior estoque de capital cultural, o professor deve visar, em sua prática pedagógica, os alunos mais fracos, que são majoritariamente oriundos de famílias trabalhadoras. Esse é o papel socialmente democrático da Escola Pública: reverter o quadro social, alçando os filhos de trabalhadores à elite intelectual, que desse modo tende a ir se descolando das elites econômica e social. Diz o socialista Alain:

> A democracia tem por primeiro dever o de recuperar os que se arrastam no fim da tropa, que são uma legião, pois, segundo o ideal democrático, uma elite que não instrui o povo é mais obviamente injusta do que um rico que recebe seus aluguéis e seus cupons [...] (ALAIN, 2012: 119).

É interessante mencionar, sem, porém, atribuir demasiada importância explicativa ao fato, que muitos dos intelectuais republicanos e radicais eram de origem provincial, e alguns deles tinham origem claramente popular, tendo logrado acesso à Escola Normal Superior através de bolsas de estudo.

A gratuidade do ensino secundário (1930-1933) é a última grande realização educacional do período que se encerra com o início da ocupação alemã (1940). Mas devemos concluir este capítulo com uma análise das bases doutrinárias e filosóficas da concepção de Escola Pública construída pelo movimento republicano de classe média.

Ideologia escolar e ideologia de classe na Terceira República

Cabe agora refletir sobre as bases doutrinárias da concepção republicana/radical de Escola Pública. Levando adiante essa análise, descobriremos o **corpo de ideias** que Althusser denominaria **ideologia teórica**; esse corpo de ideias cobre as motivações ideológicas profundas (**ideologia prática**) da classe média, em sua ação a favor da construção do sistema de educação pública. Observando o círculo dirigente da reforma educacional realizada na Terceira República, constatamos a presença de intelectuais positivistas, protestantes e "espiritualistas". Se considerarmos que o espiritualismo, nesse caso, corresponde mais a uma atitude do que a uma doutrina filosófica ou religiosa precisa, reduzimos a análise das bases doutrinárias do movimento da classe média em prol da Escola Pública a duas doutrinas: a doutrina filosófica do positivismo, criada por Auguste Comte e desenvolvida posteriormente por Émile Littré, e a doutrina religiosa do protestantismo, fundada na leitura dos textos bíblicos (Antigo e Novo Testamentos). Já mencionamos anteriormente que positivistas e protestantes se aliaram politicamente na luta pela formação do sistema de educação pública: o protestante Ferdinand Buisson, divulgador francês da pedagogia norte-americana baseada nas "Lições de Coisas", foi diretor do ensino primário durante toda a gestão governamental Ferry; e protestantes e positivistas se aliaram na formulação de uma política para os novos manuais escolares, que deveriam se distanciar da visão clerical e romana da história da sociedade humana, em especial da sociedade francesa.

Mas como positivistas e protestantes poderiam chegar a definir uma base doutrinária comum para o seu projeto de Escola Pública? Dos dois polos doutrinários, o que exercia uma influência mais forte sobre os intelectuais de classe média, naquela conjuntura, era o positivismo comtiano, até porque o protestantismo, desde a sua derrota militar na França do século XVI, tornara-se uma religião minoritária. O problema teórico que enfrentamos aqui é o de descobrir qual aspecto da filosofia social do positivismo poderia contribuir para estabelecer uma ponte entre positivistas e protestantes, em sua ação educacional. Esse aspecto não poderia ser a concepção política defendida por Comte. Esse autor tinha reservas com relação à democracia liberal; preferia que se instaurasse, na sociedade contemporânea, um regime ditatorial republicano, onde uma elite industrial governaria com base nos princípios de uma política científica (isto é: aquela política proposta pela filosofia positivista). Na verdade, o terreno doutrinário favorável ao entendimento entre positivistas e protestantes no plano da ação educacional é a teoria positivista da **solidariedade social**; ou o que Cruz Costa denomina o **altruísmo** inerente à filosofia positivista. Para Comte, na sociedade humana, "os mortos governam os vivos". Isso quer dizer, mais claramente, que os homens do presente aproveitam, em toda sua vida, aquilo que foi acumulado, no plano material ou intelectual, pelos homens do passado; e transmitido sucessivamente, de geração em geração. Por isso, os homens do presente devem retribuir tudo o que receberam dos homens do passado. E como fazê-lo? Resposta: concedendo tudo o que falta a aqueles homens do presente que não lograram aproveitar o legado material e intelectual deixado pelos homens do passado. Esses homens do presente, carentes de acesso à herança material e intelectual da Humanidade, são os destituídos, os pobres, o proletariado. Cabe aos homens que integram as elites econômica e social do presente, reconhecendo que eles são herdeiros desse patrimônio material e intelectual, possibilitar o acesso dos pobres a tais bens, promovendo desse modo a sua integração à sociedade (industrial) contemporânea. Essa é a essência da teoria comtiana da solidariedade social; para Comte, ela resulta de uma visão científica do processo histórico e, portanto, substitui com vantagens a doutrina teológica da caridade, própria ao cristianismo (e, de resto, razão de polêmicas no seio do próprio cristianismo) (COMTE, 1973: 133-138).

A teoria comtiana da solidariedade social foi adotada, como base doutrinária, não só pelos intelectuais republicanos/radicais declaradamente positivistas, como também por aqueles filiados ao protestantismo. Numa obra de 1896, cujo título é sintomaticamente *Solidariedade* (*Solidarité*), o futuro radical León Bourgeois expõe do seguinte modo a filosofia social do radicalismo: a) todo ser humano goza de vantagens adquiridas com os esforços das gerações precedentes; b) assim, cada homem contrai uma "dívida" com a sociedade, e essa "dívida" é quase um contrato; c) porém, a solidariedade natural é **imperfeita**; alguns recebem da sociedade mais do que lhe dão, e têm, portanto, um débito no "grande livro da sociedade"; ao passo que outros recebem menos vantagens que aquelas que lhes seriam devidas; d) é, portanto, necessária uma **intervenção corretora**, que restaure o **equilíbrio entre todos**, através de reformas radicais, como o imposto de renda, leis trabalhistas, aposentadoria, seguro social e ensino gratuito em todos os níveis (BAAL, 1994: 22-23). Numa passagem, Bourgeois define o "solidarismo":

> O 'solidarismo' vai impregnar o pensamento radical e, de um modo mais geral, a ideologia republicana. Ele oferece a vantagem de fundamentar na razão a intervenção do Estado, sem chegar ao coletivismo nem ligar a justiça social ao mandamento religioso da caridade (BAAL, 1994: 23)

No Prefácio à obra do protestante Ferdinand Buisson, *La politique radicale* (1908), Bourgeois reitera sua posição:

> A igualdade dos direitos entre todos os seres humanos, a obrigação que eles têm de praticar racionalmente o regime da solidariedade mútua, são os corolários necessários da doutrina (BAAL, 1994: 24).

Em artigo de 1910, Ferdinand Buisson expõe o princípio da solidariedade:

> Eles descobriram sobretudo que existe uma solidariedade social, uma dívida social, uma justiça social, todas elas coisas que não se levava absolutamente em conta no passado, e que, hoje, falam de modo imperioso à sua consciência (BAAL, 1994: 40).

Essa posição doutrinária também se exprime por meio de intervenções práticas. O programa do Partido Radical, aprovado no Congresso de Nancy (1907), afirma em seu item 17:

> O Estado deve reembolsar a dívida da sociedade para com as crianças, os doentes, os enfermos e os idosos, bem como todos aqueles que têm necessidade da solidariedade social (NICOLET, 1983: 46).

Quanto aos manuais escolares de 1883, posteriores à reforma escolar de Ferry, registra-se neles a substituição do lema clássico da Revolução Francesa por uma nova fórmula, adaptada às bases doutrinárias do movimento republicano/radical: "Liberdade, igualdade, **solidariedade** fraternal".

É preciso especular, minimamente, sobre a conexão entre a teoria comtiana da solidariedade social e certa concepção política. Essa concepção, certamente, não é a democracia liberal: seria impensável, para Comte, colocar nas mãos do povo a gestão da sociedade. Defendendo a instauração de uma ditadura republicana, Comte visualizava a presença, no poder de um "patriciado" (na verdade, uma elite industrial) capaz de promover a solidariedade social e, dessa forma, realizar "pelo alto" a integração do proletariado à sociedade industrial moderna. Negando a legitimidade de direitos e proclamando a necessidade de todos cumprirem os seus deveres, Comte prognosticava um modelo paternalista de gestão da sociedade. Esse paternalismo não seria individualista, pois ele se dirigiria a um grupo social específico: os destituídos, ou o proletariado moderno; ele seria, portanto, um paternalismo social. Além disso, ele seria um paternalismo racional, pois estaria inspirado pelo conhecimento científico da evolução da sociedade humana, bem como por uma filosofia social de caráter científico: o positivismo.

Aqui emerge a questão: esse paternalismo social servia ideologicamente à classe média republicana? A nosso ver, a resposta é afirmativa. Colocado por si próprio no campo ideológico antiproletário e antissocialista, esse grupo social tinha necessidade de um dispositivo ideológico intermediário, que a livrasse da queda numa atitude exclusivamente repressiva com relação aos trabalhadores manuais. Esse dispositivo ideológico intermediário foi o paternalismo social da filosofia positivista, apresentado num registro "científico" por meio da teoria comtiana da solidariedade social. O paternalismo social podia se articular eficazmente ao republicanismo não ditatorial, que a classe média positivista acabou adotando por senso de realidade. Ela sabia que a única ditadura politicamente viável na França, após a fragorosa derrota militar de 1870, não seria a ditadura militar (daí o estrondoso fracasso do golpe de Estado intentado pelo general Boulanger, em fins da década de 1880), e sim a ditadura monárquica, que representaria a reafirmação dos valores aristocráticos, contra os quais ela se batia. Concluímos este ponto, portanto, afirmando que a doutrina positivista da solidariedade social, adotada por intelectuais positivistas ou protestantes, foi a ideologia teórica capaz de ocultar um aspecto relevante da ideologia prática da classe média francesa: o paternalismo social, capaz de funcionar como postura intermediária entre a política socialista/proletária e a repressão pura e simples ao movimento dos trabalhadores manuais. Alguns autores sugerem, sob a forma prudente de uma interrogação ou de uma dúvida, que o radicalismo francês da Terceira República teria sido influenciado pelo spencerianismo; isto é, por uma forma de pensamento individualista e antissolidarista. Com essa sugestão, tais autores parecem estar querendo relativizar a influência da filosofia social positivista (e, mais especialmente, da teoria comtiana da solidariedade social) no movimento republicano de classe média. Essa sugestão não deve ser acolhida. Os teóricos do evolucionismo (Darwin, Spencer) são mencionados, nos textos radicais, na mesma proporção em que tantos outros autores (dos filósofos antigos aos contemporâneos) o são. Tome-se qualquer texto do filósofo radical Alain: não obstante o seu alinhamento geral com o pensamento comtiano, inúmeros filósofos de todas as épocas são evocados para atuarem como forças auxiliares no tratamento de questões parciais. Mas esse fato não pode nos conduzir a enganos interpretativos. O positivismo comtiano não é uma filosofia evolucionista, como o darwinismo social e o spencerianismo. A teoria da solidariedade social, que se tornou o núcleo do pensamento republicano-radical, nega a legitimidade científica de ideias que integram a **ideologia** evolucionista (quaisquer que seja as dúvidas de especialistas sobre o seu papel no discurso científico de Darwin e Spencer): "seleção natural", "sobrevivência dos mais aptos". O pensamento republicano/radical da Terceira República permaneceu basicamente influenciado, no plano filosófico e social (porém não no plano político), pelo positivismo. Essa filiação lhe conferiu uma orientação segura na luta pela construção do sistema de educação pública na França. Essa observação, que parece desnecessária, mostrar-se-á relevante no próximo capítulo, quando analisarmos o papel da classe média brasileira na criação da Escola Pública. Essa classe média, vivendo longe dos centros do debate intelectual e dos problemas filosóficos e históricos que determinaram a diferenciação das posições, tendeu ao ecletismo teórico. No último quartel do século XIX, isso se evidencia através das iniciativas intelectuais de conciliação do positivismo e do evolucionismo. Por isso, os fundamentos filosóficos da Escola Pública não poderão ser os mesmos, na França e no Brasil.

Resta abordar, neste item, uma derradeira questão atinente às bases doutrinárias da concepção republicana/radical de Escola Pública. A classe média francesa é "republicana": isto é, antimonárquica, antiaristocrática, pró-capitalista (pois o capitalismo parece lhe reservar uma lugar superior ao do proletariado na hierarquia do trabalho) e antissocialista (pois o socialismo promove a revanche dos destituídos, ao invés de reconhecer a superioridade dos talentosos). Mas esse grupo social também se mostra favorável ao neocolonialismo e ao revanchismo. Alguns autores se interrogam: como a classe média poderia ser, ao mesmo tempo, republicana e colonialista? Essa interrogação aparece, frequentemente, sob a forma da menção ao "paradoxo de Ferry": como vimos, o primeiro-ministro republicano teria, ao mesmo tempo, instaurado o ensino público primário laico, gratuito e obrigatório; e promovido uma ofensiva colonialista na Ásia e na África, durante o seu mandato.

A nosso ver, republicanismo e colonialismo podiam se conciliar na mentalidade e no discurso aberto da classe média. A liderança republicana que estava criando a Escola Pública se sentia à vontade para defender no mesmo momento, em debates parlamentares, as suas iniciativas neocolonialistas na Ásia e na África. O colonialismo era abertamente defendido no Programa do Partido Radical, aprovado pelo Congresso de Nancy (1907), em seu item 25:

> [O Partido Radical] reivindica a valorização do vasto domínio colonial atual da França, com a instauração de um regime verdadeiramente civilizador, conforme nosso espírito nacional, fora de toda dominação militar, e de toda propaganda confessional. Ele exige o respeito a todos os direitos da humanidade, nas relações com as populações das regiões que a França conquistou (NICOLET, 1983: 48).

Essa defesa "moral" do neocolonialismo era parte integrante da mensagem republicana global contida no programa do partido. Mas como o homem de classe média conciliava de fato, em sua mente, "republicanismo" (indicador da igualdade entre os habitantes de um mesmo território) e "colonialismo" (indicador da dominação de um povo sobre outro)? Essa conciliação é possível, na dependência do conceito de cidadania republicana que predomine em certo país capitalista concreto. Na França do último quartel do século XIX, após dois períodos ditatoriais (o Primeiro e o Segundo Impérios) que sobreviveram por décadas com amplo apoio de massa, ser cidadão republicano é se sentir membro de um Estado nacional poderoso, que legitimamente se confronta com outras grandes potências (como a Alemanha); e legitimamente ataca povos atrasados para exercer sua função "civilizatória". O orgulho de ser um cidadão republicano pode, portanto, limitar-se à satisfação de ser membro "natural" de um Estado poderoso e belicoso; e excluir o orgulho em participar ativamente da tomada das grandes decisões políticas. É o radical Albert Thibaudet quem sustenta que a distinção revolucionária entre "cidadãos ativos" (uma minoria) e "cidadãos passivos" (a maioria social) continuou produzindo efeitos ideológicos e políticos ao longo do século XIX; e que a massa dos votantes republicanos/radicais se comportava como um corpo de "eleitores passivos". Luís Bonaparte, durante a sua gestão como imperador (1852-1870), também visualizou a possibilidade de desenvolvimento de um sentimento de cidadania, fora do quadro de vigência de uma liberal-democracia; isto é, sem participação direta dos membros da sociedade na escolha dos governantes. Ao revalidar o princípio republicano do sufrágio universal e, ao mesmo tempo, instaurar o voto em lista única nas eleições para a Câmara imperial, Bonaparte esclarecia que o seu objetivo era basicamente ideológico: dar a operários e camponeses o sentimento de serem membros do Estado nacional, por meio de sua convocação para as circunscrições eleitorais e do cumprimento do ritual nacional de assinatura dos boletins de voto. O indivíduo francês, que se sentia cidadão por ser membro de um Estado nacional poderoso, tendia também a se sentir cidadão quando esse Estado manifestava concretamente o seu poder por meio de ofensivas neocolonialistas e disputas territoriais. Para a classe média republicana, portanto, "republicanismo" e "colonialismo" eram posturas doutrinárias perfeitamente conciliáveis, pois ambas podiam exprimir os seus próprios sentimentos de grupo social: inclinação a exercer o paternalismo social diante das massas (e, assim, se sentir socialmente superior a elas), e orgulho em se saber membro de um Estado capitalista poderoso (sua condição de membro do Estado capitalista espelhando a sua posição privilegiada dentro da hierarquia capitalista do trabalho).

A Liga dos Patriotas é a organização de classe média que melhor exprime, na Terceira República, a conexão entre educação pública e política externa. Paul Déroulède, uma das lideranças mais belicosas da Liga, esclarece que o objetivo máximo dessa associação é a revanche; e agrega que a preparação da sociedade para a revanche envolve um enorme esforço educacional. Para Déroulède, os dois pilares da educação são: a) a inculcação do sentimento patriótico nas crianças; b) a transfiguração, a seguir, desse sentimento patriótico em espírito militar. A Liga dos Patriotas e a Liga Francesa do Ensino se incorporaram, ambas, ao movimento radical, participando das lutas pela Escola Pública e contribuindo para reforçar a dimensão "patriótica" do processo de formação do sistema de educação pública. Essa dimensão será fraca na construção da Escola Pública brasileira: o Brasil foi vencedor na Guerra contra o Paraguai, e portanto não foi compelido à promoção de nenhuma revanche. E, como país atrasado, pouco desenvolvido do ponto de vista capitalista, não teve condições materiais e políticas de formular um projeto colonialista que colocasse em risco os territórios coloniais vizinhos (como as Guianas). Essa diferença histórica entre os dois Estados nacionais é, portanto, mais um fator capaz de explicar a diferenciação dos dois processos de instauração da Escola Pública.

Segundo capítulo – O papel da classe média brasileira na formação do sistema de educação pública (1889-1964)

Neste capítulo, teremos de adotar uma estrutura expositiva ligeiramente diferente daquela que encontramos no capítulo anterior. Uma diferença fundamental entre os dois quadros históricos (o francês e o brasileiro) nos obriga a adotar um procedimento expositivo diverso, neste segundo capítulo. O Estado capitalista, engendrado pela Revolução política burguesa na França (1789-1795), sempre foi um Estado capitalista unitário e altamente centralizado (não obstante a tentativa frustrada dos ocupantes alemães e seus aliados internos – comandados pelo general Pétain – de instaurar em 1940 um Estado descentralizado, que daria maior "presença" às regiões dentro da "Nação"). A Revolução política burguesa de 1889-1891, no Brasil, assumiu outro rumo: a ação revolucionária determinou a transformação de um Estado unitário (o Estado escravista imperial) num Estado federativo (o Estado capitalista republicano). Portanto, o nascimento do Estado capitalista, no Brasil, implicou a organização da coexistência entre duas estruturas jurídico-políticas complementares: a estrutura jurídico-política nacional (o Estado capitalista nacional, também denominado "União") e a estrutura jurídico-política regional (os aparelhos de Estado capitalistas regionais). Essa diferença nos obriga a empreender, agora, uma diferenciação dos níveis de análise, que não havíamos realizado (por ser inviável) no caso francês. Ou seja: teremos de abordar, nesta parte do texto, **dois** processos distintos de formação de um sistema de educação pública: o processo regional e o processo nacional.

Antes de passarmos a essa tarefa, temos de refletir minimamente sobre as razões históricas da manutenção da forma unitária do Estado na Revolução política burguesa ocorrida na França; e da substituição do Estado unitário pelo Estado federativo na Revolução política burguesa ocorrida no Brasil. No caso francês, encontramos desde logo uma razão econômica para a manutenção da forma estatal unitária: a economia francesa, a despeito de ter desenvolvido uma vocação exportadora no período absolutista, consolidou-se igualmente como uma economia de mercado interno, capaz de promover a complementaridade entre regiões agrícolas (Sul, Oeste) e regiões manufatureiras (Norte, região parisiense). A essa razão econômica para a manutenção do unitarismo estatal, convém acrescentar uma razão especificamente institucional: o derradeiro subperíodo absolutista (séculos XVII e XVIII) assistiu ao progressivo desenvolvimento de um corpo de funcionários (os *intendentes*), capaz de funcionar, historicamente, como o patamar inaugural de uma tradição unitarista, que evidenciou sua força na Revolução Francesa (processo cuja direção foi composta por muitos funcionários de Estado) e na instauração do Primeiro Império.

Todas as obras de história econômica do Brasil apontam o caráter compartimentado e isolado das economias regionais do Brasil colonial e imperial. A necessidade de estabelecer laços econômicos entre as economias regionais, a maioria delas voltada para a agricultura escravista, emergiu com a crise mundial do tráfico de escravos, que obrigou as diferentes partes da economia brasileira a se envolverem na formação de um mercado nacional de escravos. Como bem salientava Hermes Lima, o mercado nacional de escravos se tornou a base econômica do unitarismo imperial, e explica a importante presença de grandes traficantes internos de escravos nos órgãos fundamentais do aparelho de Estado imperial, como o Ministério, a Regência, o Conselho de Estado etc. Entrando em crise final o escravismo, a base econômica do unitarismo estatal se dissolve: num contexto pós-escravista, as economias regionais tendem a voltar ao seu isolamento e à sua articulação privilegiada com o mercado mundial, consumidor de produtos agrícolas. Não é por acaso que a Revolução política burguesa de 1888-1891 foi, ao mesmo tempo, uma revolução federalista: uma vez abolida a escravidão, os grupos dominantes das diferentes regiões passaram a projetar a fragmentação do poder político global e o exercício parcelado desse poder. Algumas obras de história republicana sustentam que a influência norte-americana foi determinante no processo de definição da forma institucional a ser conferida ao Estado capitalista emergente. Não só Rui Barbosa como também muitos políticos e intelectuais paulistas se achavam atraídos pelo modelo confederacionista próprio ao Estado capitalista norte-americano. Mas a autonomia dos estados era muito mais acentuada no modelo confederacionista que no modelo federativo. No processo constituinte de 1889-1891, acabou prevalecendo a opção por um Estado federativo, e não confederado; talvez porque os grupos dominantes regionais intuíssem que as economias regionais precisariam do apoio de um Estado central suficientemente forte para negociar suporte financeiro dos países capitalistas avançados, na esfera da comercialização externa dos produtos agrícolas. O confederacionismo norte-americano era adequado à existência de um conjunto de economias regionais que, estando voltadas para o mercado interno, não tinham necessidade de um Estado central forte, capaz de desempenhar o papel de agente da mediação com o capital bancário internacional e o mercado mundial. A economia norte-americana jamais teve um caráter organicamente exportador, embora as suas atividades exportadoras sejam economicamente importantes para os seus grupos capitalistas. A nosso ver, isso explica o confederacionismo da estrutura jurídico-política dos EUA.

Com o processo constituinte de 1889-1891, instaurou-se no Brasil uma estrutura jurídico-política dual: o Estado central, regido pela Constituição federal de 1891, e os Estados regionais, cada um deles regido por sua própria Constituição. Essa estrutura implica a construção de aparelhos de Estado diferenciados, o aparelho central e os aparelhos regionais. Estamos, nesse ponto, colocados diante de um fenômeno que é decisivo para a delimitação do objeto de nossa pesquisa. Se, no caso francês, tivemos de analisar a construção e a evolução de um único sistema de educação pública – aquele criado pelo Estado nacional –, no caso brasileiro teremos de analisar **dois** processos de construção de um sistema de educação pública: um processo ocorrido no nível do aparelho **regional** de Estado, e outro processo ocorrido no nível do aparelho **central** de Estado. Não poderíamos, neste trabalho, analisar **todos** os processos regionais de criação da Escola Pública. Por isso, escolhemos analisar o processo de construção do sistema de educação pública no estado de São Paulo, por duas razões: a) o estado de São Paulo se antecipou ao recém-criado Estado capitalista nacional na construção desse sistema, por ser a região economicamente mais poderosa e culturalmente pertencente ao bloco das regiões mais avançadas; b) o estado de São Paulo foi o primeiro estado regional a construir um complexo e extenso sistema escolar (pelo menos no que diz respeito à educação primária).

Nossa estratégia de exposição, neste capítulo, consistirá, portanto, no seguinte: a) analisar o papel da classe média na formação do sistema **paulista** de educação pública (1889-1930); b) analisar o papel da classe média na formação do sistema **nacional** de educação pública (1930-1964). Essa estratégia pressupõe que o sistema nacional de educação pública nasce como consequência política da Revolução de 1930. As iniciativas educacionais da União, no período anterior, serão abordadas conjuntamente com as ações voltadas para a construção de um sistema paulista de educação pública.

Classe média e Primeira República (1889-1930)

Na segunda metade do século XIX, um grupo social intermediário emerge progressivamente nas mais importantes cidades brasileiras. O progresso regular de certas atividades agrícolas de exportação (como a cultura do café, cujo consumo externo foi impulsionado pelo desenvolvimento do capitalismo nos EUA) exigiu a implantação de um verdadeiro aparelho urbano de serviços: casas comerciais (exportação e importação), bancos, casas comissárias, escritórios de profissionais liberais, clínicas de saúde, cartórios etc. Ao mesmo tempo, o aparelho de Estado imperial vai se expandindo, não somente no campo administrativo como também no campo militar (neste último campo, sobretudo, em razão da Guerra do Paraguai). Surge assim, na esfera estatal, uma camada de "funcionários", de natureza civil ou militar, que serão colocados, na prática social, diante do **ideal** de burocrata moderno, já em vigência (ou em construção) nos Estados capitalistas. Emerge, então, dentro da sociedade escravista mercantil brasileira, um grupo de trabalhadores não manuais, que ocupa uma posição intermediária entre os grupos sociais dominantes (escravistas) e os trabalhadores manuais (escravos, ou camponeses dependentes, trabalhando em regime servil). Mas esse grupo social intermediário ainda não se configura como a classe média das sociedades capitalistas: ele não se especifica ideologicamente por sua disposição em manter, ou mesmo ampliar, a sua superioridade dentro de uma hierarquia do trabalho. E isso porque, numa sociedade escravista mercantil, não existe uma hierarquia do trabalho, que envolva competição, entre os segmentos não manual e manual, por mais prestígio social e recursos econômicos. A forma central de trabalho, nesse modelo de sociedade, é o trabalho escravo; ora, o trabalhador escravo, sujeito à coerção, não tem condições objetivas de competir com o trabalhador não manual por uma melhor posição social e econômica no mundo do trabalho. A ação ideológica do grupo social intermediário urbano, no Império, não pode, portanto, eleger como principal adversário o trabalhador escravo. É a coerção que faz com que o homem africano preste apenas um certo tipo de trabalho (escravo de plantação, escravo doméstico), sempre braçal. O grupo social intermediário não pode, portanto, imaginá-los numa situação de competição de capacidades com o grupo dos trabalhadores não manuais; e, consequentemente, não pode "provar", para si próprio e para o resto da sociedade, a sua superioridade qualitativa sobre os trabalhadores braçais.

Nota-se, portanto, que o grupo social intermediário do Segundo Império brasileiro é socialmente diferente da classe média francesa da segunda metade do século XIX. A diferença não diz respeito à composição ocupacional: ela é praticamente a mesma em ambos os grupos (profissionais liberais, empregados de escritório, burocratas). A diferença decorre do ambiente social em que estes dois grupos evoluem. A classe média francesa é um grupo social de uma sociedade em pleno processo de transição para o capitalismo, onde já eclodem conflitos entre o capital e o trabalho e, mais especificamente, movimentos insurrecionais (o mais intenso e dramático deles sendo a Comuna de Paris, em 1871). Mas o processo francês apresenta uma particularidade: após a Revolução política burguesa de 1789-1795, a Restauração de 1814 abre o caminho para um relativo recuo histórico: restauração da monarquia dinástica, retorno da aristocracia no exílio e recuperação de parte das suas prerrogativas sociais, "recomposição feudal" de parte da economia rural, reconquista de posições por parte da Igreja católica etc. Em 1850, as Leis Falloux instalam o clero católico dentro da própria Escola Pública, fazendo de seus membros não apenas os responsáveis pela instrução religiosa e cívica, mas também professores eventuais das diversas disciplinas científicas integrantes do currículo.

A classe média francesa da segunda metade do século XIX é uma autêntica classe média da sociedade capitalista. Ela se vê colocada, social e politicamente, diante do proletariado, que alterna insurreições contra a ordem social e reivindicações por melhores condições de vida e de trabalho. Ela reage a essa presença, agindo ideológica e politicamente para manter a sua superioridade diante do proletariado na hierarquia do trabalho; e assume uma posição antissocialista, nos contextos em que o grupo dos trabalhadores manuais se encaminha para uma movimentação política de classe. Ao mesmo tempo, a classe média francesa é obrigada a eleger a aristocracia, aliada à Igreja, como seu segundo adversário. E isso porque o objetivo social desses dois grupos aliados é a restauração de uma "sociedade de status", onde o prestígio nato sufoque a valorização do mérito e do talento pessoais. Aristocracia e Igreja se chocam, desde a Restauração de 1814, com a disposição ideológica da classe média à afirmação de sua superioridade intelectual dentro da hierarquia capitalista do trabalho. Essa situação especificamente francesa explica a emergência da classe média como força política na Terceira República. Para fazer face ao proletariado, ela tem de defender a meritocracia e a propriedade privada individual; para combater os valores aristocráticos, ela tem de atacar a presença da nobreza e da Igreja na esfera pública e na vida social.

O grupo social intermediário do Segundo Império brasileiro não é um conjunto similar à classe média francesa da segunda metade do século XIX. Esse grupo não tem nenhum segmento social com o qual se chocar, abaixo de sua posição: o escravo não tem como competir com outro tipo de trabalhador, pois, sujeito ao regime de trabalhos forçados, ele não pode "provar" nada, nem se sujeitar a qualquer encenação de caráter probatório. Acima de sua posição, o grupo social intermediário encontra os grupos sociais dominantes: latifundiários, comerciantes de exportação, usurários. Mas o seu "problema" com esses grupos é de natureza bem diferente do choque ideológico entre classe média e aristocracia na França. Os trabalhadores não manuais do Brasil imperial, vivendo numa sociedade escravista, onde inexiste um verdadeiro mercado de trabalho não manual urbano, são obrigados, para exercerem as suas atividades profissionais, a manter relações de dependência com membros dos grupos sociais dominantes, com os quais mantêm frequentemente relações de parentesco. Joaquim Nabuco definiu essas relações de dependência entre homens livres não proprietários e grandes proprietários como **relações de favor** (NABUCO, 1977: 163). Roberto Schwarz, partindo de Nabuco, assim caracteriza o "homem livre dependente": "Nem proprietários nem proletários, o seu acesso à vida social e a seus bens depende materialmente do **favor**, indireto ou direto, de um grande" (SCHWARZ, 1973: 153).

Os detentores de profissões não manuais, envolvidos usualmente em relações de favor com membros dos grupos sociais dominantes, tenderão a lutar pela conquista de autonomia nos planos profissional e social, libertando-se da condição de dependência que os desvaloriza intelectualmente, e mesmo moralmente. Esse esforço é expressão do combate travado pelo grupo social intermediário da sociedade escravista mercantil brasileira para se converter na classe média típica da sociedade capitalista. O percurso da dependência à luta pela autonomia é, evidentemente, árduo do ponto de vista pessoal; somente o caráter coletivo e progressista dessa luta explica que tantos jovens profissionais tenham abandonado inúmeras vantagens individuais para se integrarem a um esforço coletivo que contribuía para a consolidação, no Brasil imperial, de um "espírito republicano". É emblemática a trajetória pessoal do advogado e professor Silva Jardim; ligado pelo matrimônio à família do líder republicano paulista Martim Francisco, e portanto votado a uma carreira nos quadros do PRP (Partido Republicano Paulista), Silva Jardim optou pela ruptura com a família para se tornar um dos maiores agitadores do abolicionismo e um dos maiores tribunos da Revolução republicana, tendo sacrificado, em nome da militância republicana ativa, as posições que lhe estavam de antemão asseguradas (QUEIRÓS, 1967). Gebara surpreende o momento (décadas de 1860 e 1870) em que os jornais de Campinas expandem consideravelmente a seção de anúncios de profissionais liberais (médicos, advogados, engenheiros), o que sinaliza a emergência de um mercado de serviços não manuais urbano. Afirma Gebara:

> O fato desses profissionais anunciarem seus serviços pela imprensa implica na existência da profissionalização, e ainda de clientela, desvinculadas dos relacionamentos familiares, de tal maneira que os médicos de família e etc. não são mais os únicos atuantes no mercado de trabalho. Dir-se-á que o profissional liberal passa a dirigir-se a um contingente maior de população em condições de consumir seus serviços (GEBARA, 1975: 30).

Ao agir com vistas a se libertar das relações de favor com os grupos sociais dominantes, e a conquistar sua autonomia profissional e social, os membros do grupo social intermediário se envolvem na luta por sua própria constituição como classe média típica da sociedade capitalista; e pela afirmação de sua superioridade qualitativa com relação aos trabalhadores manuais, dentro da hierarquia do trabalho. Nessa mesma medida, estarão prontos para lutar contra todas as instituições que bloqueiam a afirmação da competência, do talento e do mérito pessoal: a escravidão, a monarquia, os privilégios sociais. Essa conexão entre a luta por sua constituição como classe social e a luta pela transformação da ordem social e da natureza do Estado explica que a classe média tenha exercido, por meio do movimento abolicionista e da derrubada militar do Estado escravista imperial, um papel dirigente na Revolução política burguesa de 1889-1891.

Temos agora de explicitar algo que, anteriormente, procuramos apenas sugerir: a ação da classe média francesa a favor de uma relativa democratização da sociedade capitalista envolveu uma luta intensa contra a aristocracia e a Igreja. O retorno da aristocracia a posições sociais e políticas elevadas se apoiou em séculos de dominação social; o misto de temor, submissão e respeito inculcado pela aristocracia nas populações rurais, contribuía para a renovação de seu poderio social, em plena época do capitalismo. Quanto à Igreja, a influência conquistada em todo o período feudal, bem como a autoridade moral derivada de suas atividades educacionais e de catequese nas aldeias, foram a garantia de que um breve período revolucionário (de orientação anticatólica, porém não antirreligiosa) não seria suficiente para varrer o poderio social dessa instituição. Isso explica a dureza, e por vezes a violência (veja-se a política de Émile Combes), da ação da classe média republicana contra a Igreja e a Aristocracia.

Foi diferente o processo de envolvimento da classe média brasileira em dois grandes momentos da política republicana: a formação do Estado capitalista (1888-1891) e a instauração do sistema de educação pública (1889-1964). Quanto à aristocracia: o Brasil imperial jamais criou uma nobreza hereditária; instaurou apenas uma nobreza honorífica, cujos títulos perdiam eficácia institucional (porém, não necessariamente prestígio) com a extinção de seu titular. Tornava-se assim difícil uma luta ideológica contra esse tipo de aristocracia volátil, pois os privilégios institucionais não se transmitiam. Quanto à Igreja: ela jamais poderia ter, numa sociedade escravista, a força ideológica por ela conquistada nas sociedades feudais, onde a doutrina da Igreja se tornou um elemento fundamental de promoção da coesão entre proprietários de terras e camponeses dependentes. Numa sociedade escravista, a dominação social depende mais da coerção, e menos da inculcação ideológica. Isto significa que a Igreja católica sempre foi mais importante, para a manutenção da coesão social entre dominantes e dominados, na França que no Brasil. Mas há outras razões mais específicas, de caráter histórico, que contribuem para explicar a menor penetração da religião católica entre os grupos sociais dominantes do Brasil. A mais importante delas é o fato de que o Vaticano foi contrário à Independência do Brasil em 1822, tendo o papa se chocado com Dom Pedro I e a Maçonaria paulista, e obtido apoio de Dom Miguel, príncipe português conservador, pró-colonialista e antiliberal. Esse conflito, travado por ocasião da própria formação do Estado nacional brasileiro, repercutiu nas relações posteriores entre a Igreja e os grupos sociais dominantes. Eclode um conflito, de natureza doutrinária e eclesiológica, entre o Vaticano e a Igreja Paulista, por volta de 1850; emerge a Questão religiosa, na última década do Império. Tudo isso significa que a classe média brasileira, em sua luta republicana, colocou-se diante de um adversário socialmente menos poderoso: não uma aristocracia hereditária, de raízes feudais, e sim uma elite social, dotada de prestígio e posições, mas destituída de qualquer prerrogativa hereditária. É sintomático que, na pena de muitos tribunos, a luta contra o Estado escravagista imperial seja apresentada, não como uma luta pela derrubada da aristocracia, e sim como uma luta pela supressão dos privilégios.

Essa diferença entre situações de classe média (na França e no Brasil) e entre modelos de relação com grupos dominantes gera dissonâncias entre os fundamentos ideológicos da instauração da

Escola Pública, na França e no Brasil, não obstante a existência de muitas semelhanças entre os dois processos.

A formação de um sistema regional de educação pública na Primeira República (1889-1930)

Iniciemos nossa análise com uma comparação que talvez devesse fazer parte da conclusão deste item; mas que, apresentada no ponto de partida, pode tornar mais vivo o contraste entre dois processos históricos de formação do sistema de educação pública. Se, na França, a distância temporal entre a Revolução política burguesa (1789-1795) e o início da formação do sistema de educação pública (1881-82) é de quase um século, no Brasil, a Revolução política burguesa (1888-1891) é praticamente concomitante a um processo regional de formação de um sistema de educação pública: aquele que transcorre na província de São Paulo (década de 1880) e, a seguir, no estado de São Paulo (década de 1890).

Usemos uma metáfora contundente: como se explica que a França – país avançado – tenha esperado mais tempo que o Brasil – país atrasado – para implantar um sistema de educação pública? Analisando a França da época da Revolução e da primeira metade do século XIX, constatamos que, em todo esse período, a França é uma sociedade agrária dotada de uma vasta população rural e ainda carente de uma "classe média", no sentido específico que conferimos, neste trabalho, a essa expressão. Ainda não tendo se constituído socialmente o principal ator da luta pela Escola Pública – a classe média –, é difícil imaginar como se desenrolaria um movimento pela instauração do ensino público, gratuito e obrigatório, seja no período revolucionário (quando o empenho em fazer prevalecer o princípio da "liberdade de ensino" primava, nos meios intelectuais e governamentais, sobre a ideia da universalização do processo educacional), seja após a Restauração de 1814 (quando a aristocracia e a Igreja recuperaram grande parte de sua força política e de sua influência social). Quanto à burguesia manufatureira (e, a seguir, industrial): esse grupo social sempre manifestou preferência por iniciativas filantrópicas (como a "escola de empresa") que mantivessem o operariado urbano sob controle, do ponto de vista ideológico e político. Não há, portanto, nenhum acaso em que a luta pela Escola Pública, na França, tenha se ativado num momento histórico (a década de 1860) em que a classe média urbana já era um grupo social numeroso, e disposto a se confrontar, no plano ideológico, político e educacional, com a aristocracia e a Igreja. Na verdade, o "atraso" na instauração do ensino público, gratuito e obrigatório, com relação à formação do Estado capitalista, deveu-se na França, não a um fator psicossocial, e sim a um fator político: a Restauração de 1814, responsável pela desaceleração do processo de industrialização, pela "recomposição feudal" de parte da economia rural, e pela deflagração de uma vaga de obscurantismo cultural e de clericalismo. Somente a política do Segundo Império (1852-1870) assumiria uma direção contrária, estimulando a industrialização, a renovação do sistema financeiro, a urbanização e o desenvolvimento cultural. A formação de uma classe média poderosa foi, em parte, uma consequência dessa reorientação do modelo de ação governamental implementado pelo Estado capitalista.

No Brasil, como mencionamos anteriormente, um grupo social intermediário urbano nasce em plena sociedade escravista mercantil, graças ao desenvolvimento permanente e regular de certos segmentos da economia agrícola de exportação, e à expansão do aparelho estatal, exigida pelo desenvolvimento do comércio exportador e pela política externa regional. Esse grupo social intermediário, em sua luta para se constituir como classe média moderna e romper a relação de favor com os grupos sociais dominantes, adere ao "republicanismo", expressão que naquele momento não conota "regime político liberal-democrático" (os revolucionários de classe média se dividem, institucionalmente, entre o modelo democrático norte-americano e a "ditadura republicana", conforme os conselhos de Comte), e sim a construção de um Estado promotor da universalização da cidadania. A abolição da escravidão e a derrubada do Estado escravagista imperial (sendo esta qualificada como "golpe de Estado" pela historiografia conservadora) são etapas organicamente ligadas (o que explica que se sucedam rapidamente no tempo) de um mesmo processo político: o processo de destruição de uma ordem social estamental (onde os membros da maioria social não gozam de qualquer direito, nem são reconhecidos como pessoas) e de construção de uma ordem social capitalista (onde o Estado reconhece todos os indivíduos, qualquer que seja a sua condição socioeconômica, como "cidadãos", isto é, sujeitos de direitos). Esse processo revolucionário (fim do escravismo, derrubada do Estado escravista imperial) é **dirigido** pela classe média, civil e militar, que se confronta com grupos sociais dominantes empenhados em prolongar a sobrevivência do escravismo mercantil através de propostas reformistas (monarquia federativa, emancipação com cláusulas condicionais etc.).

Do processo constituinte, dirigido ideologicamente pela classe média, surge em 1891 o Estado capitalista no Brasil. Tal Estado assume a forma federativa, e não unitária. A descentralização político-administrativa está em correspondência com o estado do bloco dos grupos sociais dominantes após a extinção do escravismo no país: cada grupo dominante regional tende a se relacionar isoladamente com o mercado mundial, mantendo tênues relações econômicas e políticas com os seus congêneres. A influência do federalismo norte-americano é frequentemente qualificada, na bibliografia histórica ou jurídica, como um fator decisivo para a atribuição da forma federativa ao Estado capitalista nascente. Na verdade, a influência do modelo norte-americano (cultuado apenas por uma parte dos constituintes) deve ser considerada como um elemento superestrutural, necessário para encobrir, num momento dramático de afirmação da unidade política do antigo território imperial, o caráter regionalmente fragmentado da economia brasileira e do bloco dominante.

Na Constituição Federal de 1891, o Estado central (a "União") delega aos Estados regionais importantes tarefas político-administrativas, dentre elas a formação das bases de um sistema de educação pública. No texto constitucional, a Escola Pública continua a existir, ao lado da escola particular; a novidade é a decretação de sua laicidade (art. 72, 6º), em conformidade com o estabelecimento da laicidade da própria esfera estatal (art.11, 2º). Mas o texto constitucional não atribui um papel ao Estado central, na formação do sistema de educação pública. A Escola Pública continua a existir constitucionalmente; mas o ensino público não é declarado gratuito e obrigatório. Caberá às legislações constitucionais estaduais a tarefa de organizar as atividades escolares de cunho elementar. A Constituição Estadual Paulista de 1891, em seu artigo 20, instaura o ensino público primário gratuito e obrigatório. E a lei do ensino público do estado de São Paulo, de 1892, agrega que o ensino primário será obrigatório para ambos os sexos, dos 7 aos 12 anos, salvo em casos excepcionais (enfermidades, distância, carência de recursos etc.). O momento decisivo para a formação do sistema regional de educação pública é a criação, por lei estadual de 1894, da distinção entre dois tipos de escola pública primária: o grupo escolar (escola urbana) e a escola isolada (estabelecimento rural). O objetivo do governo estadual é criar uma ampla rede de escolas primárias; até 1914, 4.417 haviam sido criadas em todo o estado de São Paulo. Dos dois modelos de escola pública primária, o grupo escolar foi o que obteve melhores resultados. Instalado nas cidades, atraía uma clientela formada por crianças da classe média e por filhos de imigrantes. Quanto aos professores, eram recrutados basicamente na classe média e, mesmo, em grupos sociais dominantes. Criava-se assim uma escola pública primária de elite, onde a classe média constituía a clientela e fornecia o corpo docente. A reforma educacional paulista de 1892 já revelava os objetivos a serem perseguidos dentro da nova estrutura escolar: não a formação de mão de obra para a indústria nascente, e sim a formação de cidadãos para a

República. É visível, nessa fórmula, a intenção elitista, típica da "ilustração" paulista das primeiras décadas republicanas. Quanto à escola isolada: por estar inserida no mundo rural, ela dificilmente poderia obter bons resultados quantitativos (número de alunos) e qualitativos (frequência, aproveitamento), já que a própria estrutura da economia rural constituía um obstáculo à formação de uma ampla clientela popular: os grandes proprietários de terras se opunham à Escola Pública rural por razões econômicas (ela desviaria as crianças pobres do trabalho nos campos) e políticas (ela inculcaria ideias socialmente perigosas nos alunos oriundos dos meios populares). O fracasso social desse modelo escolar fez com que, em meados da década de 1910, cessasse a criação de novas escolas isoladas.

A implantação do sistema paulista de educação pública – resultado da delegação de funções educacionais promovida pelo Estado nacional – começa, portanto, pela instauração de uma rede de escolas primárias. Deve-se reconhecer que, na formação de qualquer sistema de educação pública, a implantação da escola pública primária tende a ser o primeiro passo. Mas o **modelo** de escola primária escolhido pode variar, conforme a tendência ideológica dominante nos círculos dirigentes da política educacional. No caso paulista, o objetivo atribuído à escola pública primária não foi a promoção da escolarização em massa nem a erradicação do analfabetismo, amplamente difundido na sociedade paulista. Na perspectiva de Caetano de Campos, diretor da Escola Normal logo após a Proclamação da República, o papel da escola pública primária em São Paulo seria o de contribuir para a preparação de **elites**, que encaminhariam a sociedade para um futuro promissor: difusão de ideias de caráter racional e eliminação concomitante da superstição e do tradicionalismo, construção de instituições modernas, valorização da ciência, incentivo ao trabalho do imigrante, apoio à industrialização etc. A elite em gestação na vasta rede de grupos escolares seria o agente histórico da construção de uma nova sociedade, de caráter pós-colonial: isto é, uma sociedade branca, racional e livre. A implantação do grupo escolar, em São Paulo, resultou, na verdade, de uma movimentação ideológica da classe média no sentido de se criar uma instituição meritocrática, capaz de selecionar os melhores, e de proporcionar fundamentos para a construção progressiva, porém sólida, de uma nova elite, orientada pelo princípio da racionalidade. Uma única iniciativa estadual assumiu, na Primeira República, uma direção contrária. Em 1920, o secretário da Educação Sampaio Dória decreta a redução do curso primário para dois anos. Mas essa reforma, por não corresponder ao espírito do projeto paulista de Escola Pública nem às motivações ideológicas (elitistas) da classe média, acabou fracassando; em 1925, a reforma foi revogada por outra lei. O próprio presidente da Associação Brasileira de Educação (fundada em 1924) afirmou em discurso de 1925:

> Creio interpretar a maioria senão a totalidade dizendo que não temos o fetichismo da alfabetização intensiva e que estamos convictos, salvo pequenas divergências secundárias, de que o levantamento do nível popular tem que repousar sobre tríplice base: moral, higiênica e econômica [...] (CARVALHO, 1989: 46).

O caráter elitista do projeto paulista de Escola Pública atraiu mulheres para a docência; e, especialmente, mulheres pertencentes à classe média tradicional, oriundas de famílias ligadas aos antigos grupos sociais dominantes, agora já decadentes. Se, na França da Terceira República, o docente da escola pública primária (o *instituteur*) foi, sobretudo do sexo masculino, e filho de camponeses (o que sugere a vocação popular da escola pública primária na França), em São Paulo, mulheres jovens acorreram a esse tipo de trabalho, atraídas pelo discurso elitista sobre a nova escola e sobre a composição inusitada da clientela (crianças da classe média tradicional, filhos de "estrangeiros" ou "europeus"). Como foi possível que, enquanto predominava num país "avançado" (a França) a figura do professor primário masculino, as escolas públicas primárias abrigassem, em São Paulo, um grande contingente de professoras oriundas da classe média tradicional e, mais remotamente, dos próprios grupos sociais dominantes? A autonomia profissional das mulheres paulistas (uma autonomia relativa, já que o magistério parecia uma opção de trabalho feminino razoavelmente legítima para as famílias de classe alta) talvez se relacione com um fenômeno inusitado, estudado por Eni de Mesquita Samara: a independência que a mulher solteira adquiriu nas famílias pertencentes aos grupos sociais dominantes. Essa independência, que também se manifestou no Rio Grande do Sul, evitou que as mulheres solteiras e órfãs se tornassem "agregadas" às famílias de seus irmãos casados, e fossem praticamente interditadas de buscar um ofício ou atividade externos ao lar (pois, caso isso ocorresse, estaria evidenciada, para a "sociedade", a carência dos recursos familiares necessários ao sustento de todos os membros do grupo familiar). A história paulista registra, aliás, o caso de mulheres solteiras, ligadas aos grupos sociais dominantes, que viviam em mansões, cercadas exclusivamente por escravos masculinos (chegando, por vezes, a nove ou dez) (SAMARA, 2006). Sendo criada dentro de uma perspectiva elitista (um elitismo intelectual, e não aristocrático, como veremos no próximo item), a escola primária da Primeira República atraiu, de todo modo, pessoas da elite social, para ministrar aulas a um grupo que, aos seus olhos, também constituía uma espécie de elite: alunos de famílias "tradicionais", filhos de estrangeiros. Mas o elitismo da escola pública primária se evidencia num dado referente ao ano de 1907: apenas um terço da população em idade escolar frequentava o ensino primário.

Pode acudir àqueles que lerem este texto uma interrogação, para a qual antecipamos que não temos uma resposta segura. Por que as famílias de classe média tradicional inscreveram, frequentemente, tanto meninos quanto meninas em escolas públicas e laicas, quando seguramente possuíam recursos para colocá-los em escolas confessionais? A resposta a essa questão é difícil, pois teria de ser não só profunda quanto longa. Aqui, só podemos mencionar que, em 1851, inicia-se uma fase de "estranhamento" entre a Igreja católica e os grupos sociais dominantes paulistas, pois nesse momento o clero alinhado com os princípios do Concílio de Trento (e, portanto, com o Vaticano), assume o poder eclesiástico na província de São Paulo, por intermédio da pessoa do novo bispo, Dom Antônio Joaquim de Melo. O clero que predomina em São Paulo no período anterior (1822-1850) é o clero influenciado por Diogo Antônio Feijó, de orientação independente com relação ao Vaticano tridentino, seja no plano teológico, seja no plano eclesiológico. Os grupos sociais dominantes que participaram da movimentação pela instauração de um Estado nacional pós-colonial estavam, em geral, próximos do clero-antitridentino; e, em especial, de Feijó e seus discípulos. A nomeação do novo bispo em 1851 e a chegada do clero saboiano para ajudar na reforma conservadora da Igreja paulista talvez tenham representado um choque religioso e ideológico para a "elite" paulista. Talvez apenas a chegada, no Brasil, de imigrantes católicos latinos (portugueses, espanhóis, italianos), já alinhados com o ultramontanismo, tenha contribuído para melhorar as relações entre o Vaticano e os católicos do Brasil. O mencionado "estranhamento" talvez tenha contribuído indiretamente para a difusão, no seio da "elite" paulista, daquilo que se denominavam, na época, as filosofias "populares": positivismo, darwinismo, spencerianismo. Voltaremos a este último tema no próximo item deste capítulo.

Se a escola pública primária fora criada dentro dessa perspectiva elitista, pode-se imaginar que as escolas secundárias tivessem a mesma característica. Nesse nível, o ensino privado predominou amplamente, até porque os próprios círculos defensores da Escola Pública argumentavam regularmente que o princípio da "liberdade de ensino" não se concretizaria em caso de ausência da inciativa particular na educação. Constata-se, na verdade, que, se até 1920 há uma elevação das taxas de alfabetização, os demais níveis de ensino permanecem estagnados. Quanto à vocação do ensino secundário particular, ele tem um caráter basicamente propedêutico, estando voltado à preparação para o acesso ao ensino superior. Essa configuração do ensino secundário brasileiro, público ou privado, na Primeira República contrasta fortemente com o objetivo que a intelectualidade republicana francesa atribuía ao ensino secundário: a integralização da formação intelectual e cultural, tanto para aqueles que visavam à passagem ao ensino superior (por meio do exame de bacharelado) quanto para aqueles que pensavam encerrar nesse ponto sua trajetória escolar. Esse compromisso intelectual com o ideal de uma formação integral para todos, e não apenas para uma "elite", explica o caráter árduo e prolongado (50 anos) da luta dos republicanos e radicais franceses pela gratuidade do ensino secundário (concretizado em 1933).

O segundo polo importante do sistema paulista de educação pública era a Escola Normal de São Paulo. Refundada em 1880 – isto é, em plena vigência do Estado teocrático –, a Escola Normal foi o palco de fortes conflitos ideológicos entre católicos e positivistas, ao longo da década de 1880. Esse fato evidencia que a "ilustração paulista" (revolução cultural anticlerical e cientificista da classe média) já se iniciou, não obstante o controle eclesiástico sobre as instituições estatais, sociais e culturais. Na década de 1880, esse conflito só podia se encerrar com a vitória temporária da Igreja. Professores positivistas como Silva Jardim e Godofredo Furtado são demitidos. A mudança na situação interna da Escola Normal ocorre depois da Proclamação da República. Após 1889, a Igreja perde o poder dentro da Escola Normal, e os adeptos das chamadas "filosofias populares" (positivismo, evolucionismo darwinista ou spenceriano) se tornam predominantes. Entre 1890 e 1920, sucedem-se diretores representativos das tendências cientificistas. Entre eles, destacam-se o darwinista Caetano de Campos (1890-1891), o positivista Gabriel Prestes (1893-1898), o spenceriano Alberto Sales (1898-1901) e o evolucionista (articulando Darwin e Spencer) Oscar Thompson (1901-1920). O que há de comum em todas essas gestões? Por seu cientificismo, todos esses homens veem a Escola Normal como espaço institucional de preparação científica dos alunos. O essencial do trabalho da Escola Normal será a transmissão do conhecimento de leis científicas aos discentes, estejam eles destinados a professar na Escola Pública ou na escola privada. De todo modo, é importante esclarecer que nenhuma das três correntes filosóficas revela especial preferência pelo ensino público. Os positivistas ortodoxos, em especial, foram ardorosos adversários do ensino público. A sua atuação visou, em geral, a bloquear a formação de escolas públicas em todos os níveis, em especial no nível superior. Esse radicalismo antiescolar, ao lado da crítica à implantação de toda legislação social e trabalhista, foram finalmente abandonados por muitos positivistas, que acabaram assumindo posições mais moderadas no que diz respeito à intervenção do Estado na vida econômica e social. Alguns autores criticam a Escola Normal do período da "ilustração" paulista, por seu antipedagogismo e por seu excessivo cientificismo. Qualquer que seja o nosso ponto de vista sobre esse julgamento, é fato que, nesse terreno específico, a Escola Normal paulista se aproximou do modelo da Escola Normal parisiense: um espaço institucional de imersão no pensamento científico; e não, estritamente, um local de preparação de docentes para o ensino secundário.

Devemos, agora, abordar o papel desempenhado pelo Estado central (a "União") na formação do sistema de educação pública, ao longo da Primeira República. Esse papel só poderia ser reduzido, dado o caráter federativo do Estado republicano instaurado em 1889-1891. O "federalismo educacional" era, de fato, a orientação que convinha a um país em transição para o capitalismo, formado por economias regionais isoladas, diretamente articuladas (salvo algumas exceções) com o mercado mundial. Inversamente, seria surpreendente a adoção da descentralização educacional por um Estado capitalista unitário e altamente centralizado, como o Estado francês da Terceira República. O "federalismo educacional" deixava pouco a ser feito pelo Estado central, e o baixo nível de desenvolvimento industrial do país também contribuía para o quase-absenteísmo da União no tratamento da questão educacional. Evidentemente, a questão era política, e não técnica. Os grupos dominantes regionais optaram, no processo constituinte, pela descentralização político-administrativa, não em razão das dimensões continentais do país e nem por obra da influência do modelo institucional norte-americano (que, de resto, era mais radicalmente descentralizador que o modelo aprovado no Brasil em 1891), e sim porque, dado o caráter compartimentado das economias regionais, eles compreenderam que teriam condições de exercer, com grande liberdade e sem muitos constrangimentos, o poder político regional.

Observe-se, entretanto, que o apoio dos grupos dominantes regionais à descentralização político-administrativa, e o consequente apoio ao "federalismo educacional", constituem apenas um dos aspectos da questão política. O outro aspecto diz respeito à forte presença de uma classe média militar na Revolução política burguesa de 1888-1891. A presença de um grande número de oficiais positivistas (citemos alguns deles: Floriano Peixoto, Benjamin Constant, Sena Madureira, Moreira César), aquartelados no Rio de Janeiro, dentro do aparelho de Estado central, tornava intensa a oposição governamental a políticas socialmente intervencionistas. Conhecem-se as posições de Auguste Comte a esse respeito: ele se declarava contrário à intervenção do Estado em áreas como a da relação entre capital e trabalho (leis sociais e trabalhistas), ou a área da educação (já que a Escola Pública, antes da chegada pacífica dos positivistas ao poder, tanto social quanto estatal, só promoveria a inculcação da metafísica, de abstrações e superstições na massa dos alunos proletários). Essa postura anti-intervencionista estava disseminada entre os militares positivistas, ortodoxos ou heterodoxos, alojados no aparelho de Estado central. Isso explica que, para esse segmento, o tema constitucional fundamental não fosse a definição de uma política econômica, social e cultural que revertesse o quadro social legado pela sociedade escravista imperial; e sim a decretação da laicidade do Estado (fim do Padroado, isto é, da religião oficial), da Escola (fim das aulas de religião) e da sociedade (secularização dos cemitérios, validade exclusiva do casamento civil etc.). No campo educacional, é evidente o "delegacionismo" do Estado central: a principal tarefa educacional de um Estado capitalista – a escolarização primária, condizente com o sistema de direitos da cidadania integrante do direito capitalista – é transmitida, na Constituição Federal de 1891, aos Estados regionais.

Quando o Estado regional se baseia numa economia poderosa (caso de São Paulo e do Rio Grande do Sul), a "delegação" será razoavelmente bem-sucedida (dentro dos limites que o círculo dirigente da educação pública estabelece para o projeto de escola pública primária); no caso das regiões mais atrasadas, a escola pública primária terá uma existência precária. Ao lado do "delegacionismo", figura, na primeira Constituição republicana, o "absenteísmo" educacional, em plena consonância com a orientação positivista: a ausência do princípio da **obrigatoriedade** da escolarização primária. Essa ausência tem, para os círculos positivistas do governo, um significado positivo e atual; ela não preenche a mera função de adiar para "mais tarde" (isto é, para um momento ulterior do desenvolvimento econômico e social brasileiro) a obrigatoriedade da educação primária, e sim a função de sugerir que a Escola Pública (termo correlato da obrigatoriedade) não pode ser considerada uma necessidade social, antes que uma elite orientada pelo positivismo passe a exercer o poder na sociedade industrial moderna. Há uma exceção curiosa ao absenteísmo educacional dos governantes positivistas: em 1890, a reforma educacional do ministro (positivista) Benjamin Constant inclui, ao lado de itens claramente positivistas (ensino laico, ministração das ciências conforme a ordem dogmática e histórica construída por Comte), a adoção da gratuidade no ensino primário. Essa medida, que constitui um claro incentivo à demanda popular pela Escola Pública, destoa do ideário educacional positivista; e, talvez por isso (as hipóteses do "esquecimento" ou do "adiamento" por razões orçamentárias devem, a nosso ver, ser descartadas), ela desaparece na Constituição Federal de 1891. Nesse texto, portanto, consagra-se um par de ausências (a da gratuidade e a da obrigatoriedade) perfeitamente afinadas com as posições educacionais positivistas.

Se a "base" do sistema de educação pública (a escolarização primária) foi "delegada", na Constituição Federal de 1891, aos Estados regionais, seria natural que, subentendida a necessidade de divisão do trabalho governamental entre as diferentes esferas estatais (regional, nacional), o "topo" do sistema ficasse aos cuidados do Estado central. Evidentemente, na vigência do princípio da "liberdade de ensino", as escassas universidades públicas coexistirão com as também escassas (e, em geral, confessionais) faculdades particulares. A influência do positivismo, na Primeira República, contribuiu para a fraca difusão do ensino superior público. O governador e constituinte estadual gaúcho Júlio de Castilhos, adepto do positivismo, promoveu, logo que eleito, a reorganização do ensino primário estadual. Já no campo do ensino superior, sempre manifestou a sua oposição à criação de universidades públicas no Rio Grande do Sul, reiterando a argumentação empregada por Comte. O grande momento político do debate sobre a Universidade ocorre em 1911. O positivista e militar Rivadávia Corrêa, ministro do governo Hermes da Fonseca, propõe uma reforma educacional onde são abundantes os itens relativos ao ensino superior. A reafirmação da liberdade de ensino (que implica a aceitação de novas unidades de ensino superior privado) é complementada com a desoficialização do ensino e da frequência escolar, com a equiparação entre faculdades livres e faculdades oficiais, e com a abolição do diploma (em seu lugar, vigorarão certificados de assistência e de aproveitamento). A reforma também determina que o acesso ao ensino superior será basicamente organizado pelas faculdades. Em governo posterior, realiza-se a contrarreforma: o ministro Carlos Maximiliano propõe a reoficialização do ensino e a regulamentação estatal do ingresso nas escolas superiores. Ao longo do período em questão, o Estado central aceita a existência do ensino superior e da instituição universitária; não define uma política para a expansão nacional das universidades públicas; oscila, por conta de divergências ideológicas no seio da classe média intelectualizada, na escolha de um modelo de coexistência entre ensino superior público e ensino superior privado (liberdade e independência totais? "Equilíbrio de poder"? Hegemonia organizativa do segmento público?).

Há um terceiro domínio educacional em que o Estado central tenderá, progressivamente, a intervir: o ensino técnico e profissional. Esse intervencionismo não é maciço; mas ele é o suficiente para criar uma imagem, que impacta pelo menos os historiadores da educação, sobre o compromisso do Estado federal com o progresso técnico e o desenvolvimento econômico. Qual é a razão do surgimento desse tipo de intervencionismo? Seguramente, ele não corresponde a uma pressão do lado da demanda; o grupo industrial não é suficientemente importante, coeso e organizado para pressionar o governo federal a favor da criação de escolas técnicas. Mas, do lado da oferta, não se constata, em nenhum momento da Primeira República, a presença de um governo orientado por um projeto de industrialização que implique iniciativas antecipadoras, como grandes investimentos em infraestrutura, formação de mão de obra qualificada, nova política de financiamento etc. Aparentemente, as iniciativas federais na área da educação técnica e profissional têm no mínimo um significado ideológico: elas evidenciam o comprometimento da União com o "progresso" e o "futuro" do país. Essas iniciativas se intensificam nos anos 1920, quando é visível que a economia brasileira se encaminha para uma fase de industrialização. Mas, já em 1910, é implantada em São Paulo a primeira Escola Técnica Federal desse Estado. Talvez o efêmero governo de Nilo Peçanha (1909-1910) tenha sido o mais empenhado em ampliar as iniciativas federais na área do ensino técnico e profissional. Peçanha era ligado a grupos políticos de orientação nacionalista e "antioligárquica", o que explica a sua intenção de integrar uma política educacional pró-industrial ao seu projeto de governo. Em sua gestão, foram criadas escolas de artífices em todas as capitais do Brasil. Mas a fraqueza da base industrial do país explica a natureza pouco desenvolvida e realista do projeto: as escolas instaladas não tomavam como ponto de apoio para as suas atividades o nível tecno-econômico efetivo de cada região, o que as condenou ao fracasso. O ensino técnico e profissional passará a receber um tratamento mais sistemático (o que não quer dizer mais **eficaz**) após a Revolução de 1930, quando a aceleração do desenvolvimento industrial obriga o governo federal a buscar novas fórmulas para esse segmento do processo educacional.

Doutrinas filosóficas e ideologias de classe média no sistema educacional da Primeira República

A emergência da "ilustração" paulista de 1870-1920 é um processo social surpreendente, por ocorrer numa sociedade agrária, em vias de transitar do escravismo mercantil para o capitalismo. Mas não se trata de um fenômeno social inexplicável. A prosperidade da economia cafeeira paulista, na segunda metade do século XIX, permitiu que muitos filhos de famílias de grandes proprietários rurais, comissários ou exportadores de café entrassem em contato com a cultura dos países europeus, através de viagens de estudos. Mas o cientificismo emergente em países como a Inglaterra ou a França pôde influenciar muitos jovens porque as relações dos grupos sociais dominantes com a Igreja católica estavam estremecidas, em razão das atitudes do Vaticano: oposição à Independência do Brasil (1822), intervenção papal na diocese de São Paulo, a fim de afastar o clero regalista, jansenista e antiultramontano. Nesse contexto, a inclinação para filosofias materialistas ou agnósticas, de cunho cientificista, tornava-se uma alternativa ideológica viável para jovens que, não obstante serem originários dos grupos sociais dominantes, buscavam, após estadias nos países adiantados, "mudar de vida"; isto é, adotar uma profissão liberal, exercer um ofício intelectual (professor, jornalista) ou se integrar à burocracia de Estado.

A segunda metade do século XIX assiste, portanto, a dois processos paralelos. Um processo social: a conversão de jovens filhos de grandes proprietários ou grandes comerciantes em jovens profissionais de classe média. Um processo ideológico: o abandono, por esses jovens, das convicções cristãs, e a adesão a uma das "filosofias populares" de orientação cientificista. Esse duplo processo explica a emergência, em São Paulo, de um forte movimento pela formação de um sistema regional de educação pública.

Retomamos, aqui, uma de nossas teses principais: as "filosofias populares" de cunho cientificista vão servir como cobertura ideológica de segundo grau (isto é, como ideologias teóricas) para as motivações ideológicas práticas que empurram os jovens da classe média nascente para ações de desestabilização das instituições escravagistas e, quase ao mesmo tempo, para ações de reorganização, em termos "republicanos" (isto é, capitalistas), do aparelho de Estado. Em que consistem essas motivações ideológicas práticas? Elas consistem: a) no desejo de que se forme uma hierarquia do trabalho (inexistente no escravismo) em que os trabalhadores não manuais ocupem uma posição superior à dos trabalhadores manuais; b) no desejo de que exista um Estado capaz de garantir a reprodução da divisão capitalista do trabalho e da hierarquia do trabalho que lhe corresponde. As ideologias teóricas que são funcionais para a ocultação dessa sacralização da hierarquia capitalista do trabalho são aquelas para as quais a ocupação de uma posição superior nessa hierarquia deriva da competência, do mérito ou do talento pessoais; isto é, ideologias que desconsideram o peso dos fatores econômicos, sociais e culturais na definição da posição que cada indivíduo ocupará dentro dessa hierarquia.

O ímpeto revolucionário da classe média paulista deveria, portanto, ser ocultado pelo compromisso dos seus membros com alguma das filosofias cientificistas em circulação. Mas, nesse ponto, levanta-se uma questão difícil: poderiam todas as três filosofias populares (positivismo, darwinismo social, spencerianismo) desempenhar, no contexto da crise final do Império, essa função? Já vimos, anteriormente, que o positivismo comtiano, pôde desempenhar um papel-chave na formação do sistema francês de educação pública, por força de uma incorporação seletiva de seus preceitos. Aos republicanos e radicais franceses, não interessaram a apologia comtiana da ditadura republicana, a sua visão conservadora sobre o lugar da mulher na sociedade (e, consequentemente, no mundo escolar), e sua posição contrária à educação pública. O que a classe média republicana incorporou do legado positivista, em sua ação social e política, foi o seu **altruísmo filosófico**; isto é, sua teoria laica da solidariedade social, que se demarcava da concepção cristã de caridade e da prática burguesa da filantropia, ambas de fundo individualista. Para Comte, o passado governa o presente e o futuro: o homem atual se beneficia de um fundo longamente acumulado de bens materiais e intelectuais criados pelas gerações passadas. E ele deve retribuir essa herança histórica, que lhe proporciona uma "vida boa e bela", reencaminhando aos grupos de destituídos – os proletários – os bens materiais e culturais que lhes faltam para terem acesso a uma vida digna. A filosofia social de Comte, portanto, não é individualista; nesse terreno específico, ela contrasta com o pensamento liberal anglo-saxão. Ela foi a filosofia social de que a classe média francesa tinha necessidade para chegar a uma posição que evitasse simultaneamente a caridade cristã e o filantropismo burguês: o paternalismo social, que poderia promover "a elevação do proletariado dentro da sociedade industrial moderna".

Voltemos ao caso brasileiro. Teria ocorrido, na "ilustração" paulista, algum movimento seletivo de incorporação da teoria comtiana da solidariedade social? Deve-se, desde logo, excluir essa possibilidade no que diz respeito aos positivistas ortodoxos, membros do Apostolado Positivista e devedores de obediência máxima a Pierre Laffitte, dirigente máximo do Apostolado em Paris. Teixeira Mendes e Miguel Lemos, como dirigentes do Apostolado Positivista do Brasil, sempre deixaram claro o seu alinhamento com as teses defendidas pelo Comte da última fase e, consequentemente, por Laffitte: a) preferência pela ditadura republicana e oposição à democracia liberal; b) oposição à educação pública em todos os níveis e defesa de um ensino ministrado ao proletariado pelos intelectuais positivistas; c) crítica à intervenção do Estado nas relações entre capital e trabalho; d) pregação da submissão da mulher a um papel estritamente doméstico. No campo educacional, o Apostolado Positivista se posicionava contra o ensino público obrigatório, por supor que os círculos dirigentes ministrariam um ensino **metafísico**, prejudicial ao homem. Para o Apostolado, somente os positivistas poderiam ilustrar os analfabetos; e somente os industriais poderiam ser elegíveis por "lei natural", desde que tivessem "encontrado" o positivismo. Muitos jovens intelectuais (é o caso, por exemplo, de Silva Jardim) estiveram, inicialmente, ligados ao Apostolado Positivista do Brasil, tendo depois rompido com essa instituição (e com a chamada "Religião da Humanidade", última forma assumida pelo pensamento comtiano), e se convertido em positivistas científicos ou metodológicos. Expressões desse tipo, muito usadas por historiadores da educação, servem para indicar o comprometimento permanente desses intelectuais com a teoria dos três estágios do desenvolvimento intelectual da humanidade (teológico, metafísico e positivo), e com a classificação das ciências segundo a dupla ordem (dogmática e histórica) estabelecida por Comte. As duas teorias tiveram grande impacto, não só na Escola Normal como também na organização da vida escolar, o que suscitou a criação, em certos momentos, de leis que descartavam a aplicação dessa "metodologia". Positivistas ortodoxos e metodológicos estiveram presentes na Escola Normal nos anos 1890. Nessa década, auxiliado pelo positivista ortodoxo João Feliciano de Oliveira e pelo não ortodoxo Godofredo Furtado, o positivista metodológico Gabriel Prestes mantém a gestão da Escola Normal durante cinco anos (1893-1895). Os positivistas não ortodoxos se engajaram, nos anos 1880 e 1890, em lutas sociais não alinhadas com a ortodoxia comtiana. Participaram, por exemplo, da luta pela instauração da República, sem condicionar a sua participação à decisão de conferir à República nascente um caráter ditatorial, e não liberal-democrático (já os positivistas do Apostolado foram contrários ao movimento republicano); e apoiaram a instauração do ensino público, gratuito e obrigatório, apostando na possibilidade de penetração da metodologia positivista (teoria dos três estágios, classificação das ciências segundo a dupla ordem dogmática e histórica) nas salas de aula da Escola Pública.

Ao consultar o material disponível, deixado pelos positivistas científicos, constata-se que o aspecto fundamental de sua leitura do pensamento comtiano é a teoria comtiana da história da sociedade e das ciências, cujos eixos são a teoria dos três estágios e a classificação das ciências segundo a dupla ordem, dogmática e histórica. A filosofia social de Comte (uma "filosofia para o proletariado", segundo o autor), que tanto sensibilizou a classe média francesa, traumatizada pelo ciclo de insurreições proletárias, de 1830 a 1871, não produziu o mesmo efeito ideológico na classe média paulista da "ilustração". Isso significa que o sentimento de solidariedade social, essencial na criação da Escola Pública na França, não teve a mesma importância na formação do sistema paulista de educação pública.

O paternalismo social de Comte, portanto, não poderia servir como cobertura ideológica de segundo grau para a inclinação prática da classe média paulista à construção de uma ordem social que fizesse emergir, no plano social e institucional, a hierarquia capitalista do trabalho, onde o trabalhador não manual tende a se colocar em plano superior ao do trabalhador manual. Descartadas a doutrina cristã da caridade (típica da aristocracia) e a doutrina liberal da filantropia (típica da burguesia), só restava à classe média paulista nascente buscar nas filosofias individualistas anglo-saxãs os elementos doutrinários capazes de transpor para o plano do discurso as motivações ideológicas práticas desse grupo social. Foi por essa via que o evolucionismo anglo-saxão, em suas duas vertentes (o darwinismo social e o spencerianismo), difundiu-se no seio da classe média intelectualizada paulista, no último quartel do século XIX. O darwinismo social resulta da aplicação, por um procedimento analógico, da teoria darwiniana da evolução das espécies ao mundo social e humano. Para Darwin, os organismos evoluem, na medida em que se adaptam às condições do ambiente. Aplicando essa ideia à evolução das espécies animais, Darwin conclui que as espécies capazes de adaptação às condições do meio sobrevivem, ao passo que as espécies incapazes de um comportamento adaptativo são eliminadas. Reitera-se, portanto, no processo social, o fenômeno da "sobrevivência dos mais aptos" ou da "seleção natural". Mesmo não sendo um sociólogo, Darwin sempre se sentiu ideologicamente tentado a aplicar a problemática da evolução, bem como as noções de "seleção natural" e "sobrevivência" dos mais aptos ao mundo humano e social. Mesmo em artigos e textos anteriores à *Origem das espécies*, Darwin sugere que a sociedade humana tende naturalmente a evoluir para um estágio de competição generalizada entre os indivíduos, chegando por essa via ao estágio superior da civilização. E, ao visitar a Terra do Fogo, o jovem Darwin lamentou a presença de relações igualitárias entre os indígenas, constituindo o igualitarismo e a falta de competição interna os fatores determinantes do atraso das comunidades primitivas (MARCO, 1993: 42-80). É visível, em Darwin, a inclinação para o individualismo; ela desagua, no fim das contas, na cristalização de uma postura anticoletivista, antialtruísta e, do ponto de vista político, antissocialista. O darwinismo social foi recebido, na França, com ceticismo e sem entusiasmo; o único grupo social potencialmente capaz de ser atraído pelo individualismo virulento de Darwin – a classe média – já tinha se movido, no momento da mundialização do evolucionismo anglo-saxão, na direção do solidarismo comtiano.

Já o individualismo belicoso do darwinismo social se mostrava perfeitamente capaz de mobilizar a classe média paulista nascente, e de induzi-la à luta pela construção de um Estado capaz de reconhecer as capacidades e os talentos dos "melhores indivíduos": o Estado capitalista. Por isso, não é espantoso que grandes nomes da luta republicana e da ação pela construção da Escola Pública estivessem vinculados intelectualmente ao darwinismo. Caetano de Campos, o fundador da Escola Normal paulistana de 1880 e criador da Escola-modelo (anexo à Escola Normal) em 1890, é o coautor, com Rangel Pestana, da obra *Darwinismo* (aliás, na mesma época, o jovem Rangel Pestana, ainda alinhado com o darwinismo social, escreverá o texto *A teoria da seleção aplicada à sociedade*). Assim Caetano de Campos resume a sua filosofia social:

> a evolução é o sentido geral da história e lei do progresso, culminando com o advento de um universo multiforme e dinamicamente equilibrado, semelhantemente a um organismo que se desenvolve em função de suas determinações internas na busca de adaptação ao meio ambiente (MONARCHA, 1997: 173).

Sobre a gestão de Caetano de Campos na Escola Normal, convém registrar duas características essenciais: a) o seu empenho em conferir uma orientação filosófica darwinista ao conjunto dos cursos ali ministrados; b) o seu modelo educacional, que conferia prioridade à qualidade do ensino com relação à difusão do ensino. Qual seria, a seu ver, o objetivo da Escola Pública emergente? Não a escolarização em massa, e sim a formação dos cidadãos da República: um grupo selecionado, capaz de fornecer à sociedade e ao Estado os membros da nova elite intelectual e política em formação (a elite republicana). Em

"Memória apresentada ao governador", Caetano afirma que o "povo" deve ser "[...] instruído largamente, proficientemente, como quem precisa governar-se a si e poder governar outros povos, se a ocasião o exigir" (CARVALHO, 1989: 34). A menção de Campos a uma eventual ação expansionista e subcolonialista do Brasil pode parecer desarrazoada, mas ela é sociologicamente sugestiva, pois nos indica a identidade do agente social a que Campos está se dirigindo: não a massa popular, e sim uma **elite** capaz de mostrar a sua superioridade, incluindo-se aos povos vizinhos. Quando recordamos o modo pelo qual funcionou a instituição escolar da qual se orgulhavam os republicanos – o grupo escolar, onde a classe média (alta) ministrava aulas para a classe média –, concluímos que havia uma sintonia ideológica entre os intelectuais evolucionistas da Escola Normal (entusiastas da seleção natural) e os dirigentes do elitista sistema educacional gestado durante a vaga revolucionária.

Para que tenhamos uma ideia correta sobre a influência desfrutada pelas correntes evolucionistas nos meios educacionais oficiais da Primeira República, convém recapitular a trajetória de Oscar Thompson. Esse intelectual, adepto declarado do darwinismo, foi diretor da Escola Normal de 1901 a 1920; e secretário geral da instrução pública em dois subperíodos, 1909-1913 e 1917-1920. Como secretário de educação, impõe uma visão filosófica geral à educação pública, procurando alinhá-la aos princípios do darwinismo social. Ao oficializar o método analítico, assim o define: "o acompanhamento da marcha gradual da espécie humana e do indivíduo".

Examinemos agora a influência educacional exercida pela segunda vertente do evolucionismo: o spencerianismo. Autor de uma vasta obra, que cobre inúmeros domínios do conhecimento humano, Herbert Spencer exerceu uma influência mundial através de seus trabalhos de Sociologia, onde expunha a sua teoria da evolução da sociedade humana. Para Spencer, a evolução social corresponde a um processo de mudança quantitativa gradual e sem saltos, que conduz a um "equilíbrio móvel". A sociedade, ao passar por um processo de crescimento, entra em fase de diferenciação/complexificação, tornando-se heterogênea; mas o movimento seguinte consiste na integração das partes diferenciadas, emergindo desse modo um novo conjunto homogêneo. Simplificando o pensamento sociológico de Spencer, pode-se afirmar que a sua lei geral é a da tendência do homogêneo a se diferenciar, conjugada à tendência do diferenciado a se integrar. Dentro desse processo geral, Spencer encontra espaço para inserir a lei da "seleção natural" ou da "sobrevivência dos mais aptos" (que Spencer não atribui a Darwin, pois essa problemática surgiu em artigo de sua própria autoria, bem anterior à *Origem das espécies*): na fase em que predomina a heterogeneidade, emerge a competição entre os mais aptos e os menos aptos, concretizando-se assim um processo de seleção de indivíduos para a nova fase de integração/homogeneidade. Os homens estão, portanto, diante de um processo social incontornável; por isso, os códigos morais terão de se subordinar aos fatos da seleção natural e da luta pela existência; caso contrário, reduzir-se-ão a instituições artificiais, sem raízes. Nessa perspectiva, explica-se que os **direitos políticos** tenham pouca importância para Spencer.

Evidencia-se, portanto, o "individualismo metodológico" de Spencer: para esse autor, a sociedade funciona sempre como um agregado de indivíduos, a despeito da emergência ocasional da tendência (sempre fracassada) à formação de grupos sociais ou coletivos (por exemplo, a ação dos socialistas) (DURANT, s/d: 59-73).

Um marco da penetração do spencerianismo no Brasil é a atuação de Rui Barbosa, então deputado pela Bahia, na Comissão de Instrução Pública da Câmara Imperial, entre 1882 e 1886. Nesse período, Rui elabora dois pareceres sobre o projeto de reforma educacional, apresentado ao Parlamento imperial por Leôncio de Carvalho. Esses dois pareceres são talvez o que há de mais importante na produção escrita de Rui sobre educação, se não levarmos em conta o seu trabalho de divulgação: Rui foi o tradutor da obra de Calkins, *Lições de coisas* (amplamente divulgada na França pelo político radical Ferdinand Buisson, diretor do ensino primário na gestão Jules Ferry). Para Rui, a educação deve acompanhar o processo de evolução da sociedade humana, partindo da suposição de que o processo de desenvolvimento da criança é um processo natural, análogo ao desenvolvimento da espécie humana. Seguindo o curso da evolução, a educação deve desempenhar duas funções, correlacionadas com a dinâmica de tal processo: a função homogeneizadora (própria ao ensino primário) e a função diferenciadora (própria ao ensino superior). O processo de seleção natural opera no campo educacional, encaminhando uns para o ensino científico e outros para o ensino profissional. A educação profissional deve ser encarada, não como a forma prática de encaminhar a maioria social, não suscetível de se incorporar ao topo do sistema econômico e social, a **alguma** modalidade de formação, e sim como o processo de adaptação **científica** do trabalho às **aptidões naturais**. Para Rui, o verdadeiro objetivo da organização escolar é claro: "a seleção dos melhores". Filho de um professor, Rui sempre se sentiu atraído pelo tema da educação; mas a sua carreira pública não incluiu a passagem pelo cargo de ministro da Educação. Por isso, certos autores, ao conferir a Rui o atributo de pioneiro na defesa dos interesses e das aspirações da classe média, fazem-no pensando em sua política financeira e monetária à frente do Ministério da Fazenda (ela teria sido favorável à expansão do crédito para a indústria), e não em sua militância evolucionista no terreno da polêmica sobre a educação nacional (PENTEADO, 1984: 29-56; LOURENÇO FILHO, 1956: 13-38; DANTAS, 1962: 21-40).

É importante sublinhar que Rui, como precursor do spencerianismo paulista, exprimiu suas preferências doutrinárias no recinto do Parlamento imperial, em plena vigência de um Estado teocrático e semiabsolutista. A intervenção spenceriana de Rui é um fato dotado de significação histórica: ela mostra que a classe média está em vias de se constituir, do ponto de vista ideológico e político, nas dobras de uma sociedade escravista e clerical.

Alberto Sales, tendo cursado a Faculdade de Direito de São Paulo, foi logo influenciado pelo positivismo littreísta, que se difundia nesse espaço acadêmico. Não teve, portanto, relações com a Religião da Humanidade ou com o Apostolado Positivista. Tendo viajado aos EUA para prosseguir os seus estudos, entrou em contato com os pensamentos de Stuart Mill e de Spencer. Voltando ao Brasil, fez carreira em São Paulo como professor e como jornalista. O seu projeto intelectual, nesse momento, era o de articular o pensamento científico de Comte com a filosofia evolucionista de Spencer. Visivelmente vocacionado para a reflexão teórica, Sales procura, em seus textos, preleções e cursos, articular a aplicação da lei comtiana dos três estados com o esquema spenceriano da passagem, no processo de evolução social, do homogêneo ao heterogêneo pela via da complexificação/integração. Sales está absolutamente consciente de estar realizando um **corte** dentro do pensamento global de Comte. Ele descarta a filosofia social de Comte e a sua teoria da solidariedade social, para incorporar a tese spenceriana sobre o papel central da luta pela existência na evolução social. Sobre essa luta, Sales afirma, em *O ensino público*: "É a lei mais genérica a que obedecem os seres organizados" (SALES, 1901: 11). E, n'*O governo popular*, Sales reitera: "Já dissemos em outro lugar que a luta pela existência é um dos fatores mais enérgicos da evolução política (SALES, 1921: 340). A competição entre indivíduos se transpõe, finalmente, para a esfera da competição entre sociedades vizinhas: elas estão sempre em conflito, e se veem obrigadas a lutar por sua existência, o que acaba se refletindo em sua própria estrutura política. A perfeita combinação do intelectual e do homem político em Alberto Sales vai levá-lo a construir uma justificação cuidadosamente spenceriana para o separatismo paulista pré-republicano, do qual ele é um dos próceres. Logo no início da obra *A pátria paulista* (1887), dedicada à propaganda separatista, Sales propõe uma fórmula que combina harmoniosamente plataforma teórica e programa político: "[...] toda a evolução orgânica parte do homogêneo para o heterogêneo, por meio de desagregações e agregações correspondentes" (SALES, 1887: 37). O autor afirma ainda: "A lei do progresso em sociologia [...] ainda consiste no duplo processo de desintegração e integração sucessiva das partes" (SALES, 1887: 55-56). Em seguida, Sales tira uma consequência **política** dessa lei: "[...] as nacionalidades se constituem por separação e por agregação de partes" (SALES, 1887: 62). Ele acrescenta:

> O separatismo não pode ser senão o processo de desintegração empregado fatalmente como início indispensável da integração; é o primeiro passo, a primeira fase da evolução política, que encontrará logo depois, na agregação correlativa, o seu complemento necessário (SALES, 1887: 50).

Diz ainda Sales:

> A separação é o caminho para a federação, é o ponto de partida para ela. [...] Isto importa afirmar que o separatismo conduz direito à aplicação do princípio republicano (SALES, 1887: 294).

Tendo malogrado o movimento separatista paulista de 1887 (do qual Martim Francisco, discípulo teórico de Sales, era o líder) e sido derrubado o Estado escravista imperial em 1889, Sales passa à defesa do modelo federalista na construção do Estado capitalista brasileiro. Em seu livro posterior, *Ciência política* (1891), não há mais menções à "necessidade natural" do separatismo. Entre 1898 e 1901, Sales dirige a Escola Normal. No plano educacional, colocou-se em evidência por sua posição contrária ao ensino superior público, fundada em seu compromisso com o princípio da "liberdade de ensino". Foi sucedido, na direção da Escola Normal, por outro spenceriano: Oscar Thompson, cujo mandato, por sua longa duração, evidencia o prestígio intelectual e político dessa corrente em São Paulo, durante a Primeira República.

Francisco Rangel Pestana, professor e jornalista, apresentava o seu pensamento, no período 1870-1880, como o fruto da articulação entre dois elementos: a postura científica de Comte, e o "sistema" de pensamento evolucionista (Darwin, Spencer). De Comte, Pestana incorpora o "cientificismo" e rejeita os preceitos políticos (vale dizer, a apologia da ditadura republicana). Em política, Pestana se vê como um liberal-democrata. Em filosofia social, a sua preferência é evidenciada pelo próprio título de um texto da juventude: *A teoria da seleção aplicada à sociedade*. Neste mesmo momento, colabora sintomaticamente com Caetano de Campos na produção da obra: *Darwinismo*. Escrevendo sobre temas educacionais no jornal *A Província de São Paulo* (décadas de 1870 e 1880), Pestana atribuía à escola o objetivo essencial de formar cidadãos para a República (o que pode ser entendido, quando o autor do discurso é um intelectual darwinista ou spenceriano, como a formação de uma "elite" republicana). Pestana lutava contra a presença de uma religião oficial dentro da escola, embora aceitasse a presença da educação religiosa no currículo escolar. Foi proprietário, durante certo tempo, do Colégio Pestana, onde vigorava um certo ecletismo filosófico (evolucionismo, positivismo), ao mesmo tempo que os métodos de ensino tendiam a ser de filiação norte-americana. Pestana foi professor em várias escolas privadas, defendendo a coexistência entre ensino público e ensino privado e, ao mesmo tempo, a "laicização" (enquanto fim da religião oficial) da Escola Pública. Fez parte da geração de intelectuais que, influenciados pelo evolucionismo anglo-saxão, lançaram-se na luta política e ideológica contra o escravismo e o Estado aristocrático imperial, e a favor da criação de um Estado "republicano" (isto é, capitalista) e do ensino público, gratuito e obrigatório.

Cabe mencionar o trabalho de Antônio Sampaio Dória na Escola Normal. Como professor da cadeira de Psicologia na década de 1910, Dória difundiu o método intuitivo analítico; mas, para tanto, teve de aprofundar a explicação sobre os pressupostos teóricos desse método. A teoria que propiciava esses fundamentos era a de Herbert Spencer, John Stuart Mill e William James.

É importante mencionar que os adeptos de qualquer uma das formas de pensamento cientificista, quando ocupavam um cargo no seio do aparelho de Estado (central ou regional), nem sempre logravam manter a coerência entre pensamento e ação político-administrativa. Vimos que Benjamin Constant, sendo ministro da Educação em 1890, determinou a gratuidade do ensino primário, a despeito de, como positivista ortodoxo, ser contrário à existência da Escola Pública. Já o secretário paulista da educação Antônio Sampaio Dória decretou, em 1920, a redução do curso primário, de quatro para dois anos, a despeito de, como simpatizante do spencerianismo, inclinar-se mais para o ensino primário de elite que para a escolarização em massa e a "fetichização da expansão educacional". Circunstâncias momentâneas podem levar um agente governamental a tomar decisões que contrariam suas convicções profundas. Se essa reviravolta no processo decisório for respaldada por um amplo círculo de agentes, ela será confirmada; caso contrário, ela será revogada. Foi o que ocorreu nos dois casos acima mencionados: a gratuidade do ensino primário, defendida por Constant em 1890, não foi inscrita na Constituição Federal de 1891; e a redução do curso primário para dois anos, decretada por Dória em 1920, foi revogada em 1925.

Analisando a Terceira República francesa, afirmamos que a instauração do ensino público, gratuito e obrigatório exigiu uma aliança tática entre positivistas e protestantes, dada a força social do maior adversário da Escola Pública: a Igreja Católica. Vejamos agora o que ocorreu no caso brasileiro. Na segunda metade do século XIX, colégios protestantes começaram a se instalar no Brasil imperial. Em São Paulo, instalaram-se colégios como o Piracicabano, o Internacional e a Escola Americana, todos ministrando ensino pago e recrutando alunos no seio dos grupos sociais dominantes. Como grupo religioso recentemente implantado no país e sem nenhuma vinculação com a vida política local, a corrente protestante não teria condições de celebrar uma aliança tática, à moda francesa, com as correntes laicas, a fim de reforçar a luta pela Escola Pública. Ao invés de "aliança tática", houve "colaboração" educacional entre escolas protestantes e professores laicos: intelectuais positivistas ou evolucionistas foram aceitos como docentes nas escolas mencionadas. Essa colaboração, embora não chegando a ter a dimensão da aliança positivista-protestante celebrada em Paris, teve um papel positivo na criação de um clima de abertura cultural, capaz de jogar a opinião pública intelectualizada contra o monopólio religioso, cultural e educacional exercido pela Igreja Católica.

A classe média no período nacional-populista (1930-1964)

Já na década de 1920, constatam-se transformações na composição da classe média brasileira; e, em especial, na classe média paulista. De um lado, o crescimento do comércio de exportação e o desenvolvimento manufatureiro interno provocam a expansão do aparelho urbano de serviços, e lhe trazem simultaneamente maior complexidade ocupacional (diversificação dos empregos, surgimento de novas especialidades, valorização de novos conhecimentos e habilidades, avanço na hierarquização das ocupações etc.). De outro lado, a classe média tradicional, oriunda dos antigos grupos sociais dominantes e detentora de um status elevado, não obstante o seu declínio econômico, deixa de deter o monopólio dos postos não manuais do setor terciário urbano. E isso porque começa a ascensão dos descendentes das primeiras levas de imigrantes a ocupações típicas da classe média. Os filhos de imigrantes frequentam com sucesso as escolas primárias públicas, graças ao capital cultural legado por seus pais europeus; prosseguem seus estudos (no nível médio, técnico-profissional, ou eventualmente superior), e chegam a cargos de "empregado", "encarregado" e "gerente", ou mesmo às profissões liberais, graças a esforços incomensuráveis, dispendidos por eles mesmos e por seus pais. Na leitura da história de vida de grandes nomes da medicina, da ciência ou das letras, é comum detectar a presença de filhos de trabalhadores manuais ou de operários fabris. Essa mudança na estrutura interna do aparelho urbano de serviços (que, agora, abre possibilidades a novos grupos sociais), aliada à chegada de descendentes de trabalhadores manuais à educação escolar e, em seguida, a empregos não manuais, provoca uma diferenciação ideológica no seio da classe média, em grandes cidades como São Paulo e Rio de Janeiro. A classe média tradicional permanece apegada a um liberalismo elitista e conservador, que a faz aceitar, no plano político, o jogo de cartas marcadas praticado pela coligação entre republicanos paulistas e mineiros (a política do "café com leite" e a "política dos governadores"); e aceita, no plano educacional, uma escolarização que se revela restrita e elitista até mesmo no nível elementar, para não se falar do que ocorre nos níveis secundário e superior. A nova classe média pode ser qualificada, sociologicamente, como baixa classe média, por sua carência de status, devida à sua origem proletária, pequeno-burguesa ou camponesa. Ela irá competir por empregos nos bancos, nas casas comerciais, nos escritórios de contabilidade, no setor administrativo de empresas industriais; e, progressivamente, chegará às profissões liberais e aos cargos burocráticos do médio escalão. As condições de vida e de trabalho dos membros da nova classe média não são as mesmas da classe média tradicional. Por essa razão, ela não pode se pautar, ideologicamente, pelo liberalismo elitista desta última. A sua tendência ideológica exprimirá a aspiração a um Estado intervencionista, capaz de propiciar melhores condições de trabalho, saúde, educação, transporte, habitação e consumo a **toda** a "população". Essa classe média não tem, portanto, nenhuma razão ideológica para aderir ao "partido único republicano"; e ainda não acumulou experiência suficiente para criar seu próprio partido político (como fez a classe média francesa, ao criar, em 1901, o Partido Radical). Não obstante esse déficit político, a nova classe média exercerá uma pressão social difusa (não partidária) a favor da "modernização" do país, sendo levada a tal pressão por força da operação de um efeito-demonstração cultural, produzido pelos países capitalistas avançados nos países atrasados, através de novos meios tecnológicos como o cinema, o rádio, a fotografia etc. A pressão "modernizante" da classe média se faz presente na Revolução de 1930; ela impulsiona grande parte do grupo militar (a ala progressista não liberal do tenentismo), o tenentismo civil (reunindo educadores, profissionais liberais), e segmentos sem organização definida. Se essa pressão social não tivesse se manifestado (e colaborado para o resultado político-militar do processo), a Revolução de 1930 teria se resumido a mais uma crise interna do arranjo político que envolvia os diferentes setores dos grupos sociais dominantes. Não foi isso o que ocorreu. Do movimento insurrecional de 1930, emergiu, não uma nova versão de "Estado oligárquico", e sim um Estado intervencionista, capaz de implementar políticas governamentais ativas nos campos econômico e social: estímulo à industrialização, elaboração de leis sociais e trabalhistas, proposição de novas diretrizes para a educação etc.

Quanto à classe média tradicional: entre 1870 e 1920, ela havia sido o motor da "ilustração" paulista e o suporte do elitismo republicano. Na década de 1920, ela irá se inclinar, compelida pela ascensão dos movimentos populares (anarquismo, movimento grevista em São Paulo e no Rio de Janeiro), e pelo ciclo de revoltas militares de cunho progressista (movimento tenentista), para uma posição ideológica e política claramente reacionária. Os ingredientes dessa nova posição são: o apoio político à Igreja católica, a oposição à Escola Pública, o combate ao intervencionismo social e econômico do Estado, a crítica às leis sociais e trabalhistas etc. No período 1930-1945, esse segmento da classe média não terá condições de se exprimir no plano partidário, dada a inexistência de condições institucionais e políticas para o funcionamento de um sistema pluripartidário. No período democrático e pluripartidário de 1946-1964, ela se fará representar pelo partido que defende os interesses dos grupos dominantes agrários e exportadores, bem como do capital estrangeiro, sendo ainda o intérprete político das aspirações sociais (mas não necessariamente das posições doutrinárias) da Igreja católica: a UDN (União Democrática Nacional). Alguns autores chegam a sustentar que um movimento de **recristianização**, comandado pelo Vaticano e pela hierarquia católica do Brasil, teria contribuído para que a classe média tradicional se afastasse do clima ideológico e cultural da "ilustração" de 1870-1920. Estar-se-ia, nesse caso, procurando repetir no Brasil o processo, deflagrado na França a partir da Restauração de 1814, de recristianização daqueles segmentos dos grupos sociais dominantes que haviam se afastado da Igreja durante a "ilustração" do século XVIII (nobreza da toga, burguesia mercantil etc.). Como investigadores interessados na história do Brasil, constatamos a ofensiva doutrinária da Igreja junto às populações urbanas, nos anos 1920: é a época da emergência de personagens politicamente ativos, como o cardeal Leme, e de instituições visando a congregar a elite intelectual católica, como o Centro Dom Vital. Mas não temos condições de nos pronunciar, no contexto deste trabalho, sobre uma tese (a da recristianização das elites) que merece ser examinada com cautela e exige, portanto, muito estudo. O que nos parece incontestável, é que a ascensão dos movimentos sociais (resultado indireto do desenvolvimento econômico e do crescimento manufatureiro e industrial) de fato empurrou a classe média tradicional, que fora progressista na fase de desagregação do escravismo e de construção do Estado republicano, para uma posição reacionária (antiestatismo, clericalismo, oposição global às reformas sociais etc.). Evidentemente, essa explicação não conflita com a tese da recristianização; caso esta mostrasse ter fundamento, ambas as explicações poderiam se complementar.

Procuraremos, agora, analisar as disposições da nova classe média com relação à evolução do sistema nacional de educação pública, no período 1930-1964, que denominaremos, aqui, "período nacional-populista", em oposição ao "período liberal-oligárquico", que se estende de 1889 a 1930. A Revolução de 1930 não provocou a substituição da hegemonia política do capital comercial-exportador (que dominava econômica e financeiramente o latifúndio produtor de bens agrícolas de exportação) pela hegemonia política da burguesia industrial. Como nos esclarecem os melhores livros de história do Brasil republicano, este grupo social sequer participou do movimento revolucionário de 1930, preferindo se manter fiel ao Partido Republicano Paulista, atacado pelas dissidências partidárias e pelo movimento tenentista. O Estado que emerge, após a insurreição, não é um Estado a serviço dos interesses e prioridades do empresariado industrial. A situação política global vai se definindo, na expressão bastante adequada de Dermeval Saviani, como uma situação de "recomposição política das classes dominantes": grupo sociais dominantes antigos e em ascensão continuarão a coexistir, mas os termos de sua coexistência se modificarão progressivamente. De nossa parte, gostaríamos de propor uma fórmula complementar (e não antagônica) à sugestiva síntese de Saviani: o Estado bonapartista do pós-1930 promove o equilíbrio político entre capital comercial-exportador e burguesia industrial, sobre um plano inclinado, onde as condições gerais (internas e externas) que influenciam a política de Estado vão se tornando desfavoráveis à exportação de produtos primários, e favoráveis à produção interna de bens industriais. Os governos do pós-1930 continuam a apoiar as exportações, mas ao mesmo tempo se aproveitam dos ganhos cambiais da atividade exportadora para subsidiar o crescimento industrial.

Vejamos como os grupos sociais dominantes se posicionam, após o movimento insurrecional, com relação ao sistema de educação pública. Parece evidente a todos os grupos sociais, naquela conjuntura, que não só a política econômica e social, mas também a política educacional irá sofrer um redirecionamento. A participação de tenentes, intelectuais e profissionais liberais de orientação democrática e progressista no bloco revolucionário permite prever que a orientação "delegacionista", absenteísta e oscilante da política educacional do Estado central não persistirá. Caberá, portanto, às forças reacionárias desempenhar o seu papel político: o de reagir contra aquilo que já está se anunciando, isto é, o estabelecimento de um maior controle sobre o processo educacional, por parte do Estado central. A Igreja entra em fase de ofensiva ideológica e cultural; e, apoiada pelos antigos grupos sociais dominantes (propriedade fundiária, capital comercial exportador), lança-se na luta contra a laicidade do Estado e da escola, e contra a própria existência da Escola Pública, fazendo campanha pela regeneração da família católica e pelo fortalecimento do ensino confessional. Os grupos dominantes agrários tiveram de coexistir, na Primeira República, com o projeto de implantação de "escolas isoladas" na área rural; mas sempre resistiram a esse projeto, manifestando sua clara preferência pelas "escolas de fazenda", mesmo que o governo estadual considerasse indispensável, para a implementação desse projeto alternativo, a descoberta de uma "fórmula mista" (público-privada).

O empresariado industrial não tinha por que reavaliar o seu "temor à educação" dos trabalhadores manuais; mas, não obstante as suas restrições à Escola Pública e a sua preferência por iniciativas educacionais filantrópicas, ele não se colocou na vanguarda da luta contra a Escola Pública, ao lado da Igreja católica e dos grupos dominantes agrários. No contexto pós-revolucionário, a burguesia industrial compreendeu que, num momento em que o Estado falava de "progresso da indústria", ela deveria falar de "educação profissional", como se o Estado capitalista e a burguesia tivessem de conjugar minimamente suas forças para viabilizar o desenvolvimento do capitalismo no país. Mudanças de conjuntura exigem remanejamentos táticos: lembremo-nos de que o empresário Jorge Street, carrasco da classe operária paulista na Primeira República, passou de defensor do trabalho noturno infantil e de opositor aos projetos de redução da jornada de trabalho infantil à condição de Secretário do Trabalho no governo Vargas, sendo encarregado de coordenar a fiscalização do cumprimento das novas leis do trabalho, criadas a partir de 1931. A burguesia não se identificava com o projeto de expansão da educação pública; e, como consumidora de serviços educacionais, podia ver com bons olhos as iniciativas governamentais de regulamentação e revalorização do ensino secundário e do ensino superior (iniciativas essas que diziam, basicamente, respeito aos grupos sociais dominantes e à classe média).

Vejamos agora como a nova classe média se posiciona sobre a educação pública nesse novo quadro político. É interessante notar, desde logo, que se registra nesse período a ocorrência do fenômeno político, analisado por Gramsci, do "deslocamento na representação de classe": um grupo de intelectuais ou militantes partidários passa da representação ideológica e/ou política de um grupo social determinado à representação de um novo grupo social. Esse fenômeno, que comprova a relativa autonomia da instância política, parece surpreendente à primeira vista; mas é mais frequente do que se imagina. Na Primeira República brasileira, intelectuais oriundos da classe média tradicional e vinculados familiarmente aos antigos grupos dominantes (detentores da propriedade fundiária e do capital comercial-exportador), mobilizavam-se para uma ação político-institucional que se mostrava em sintonia com os horizontes ideológicos da própria classe; em ambos os subgrupos – intelectuais e sua base social –, desenvolvia-se um elitismo republicano laico, capaz de pensar com orgulho (é o que se nota no discurso de Caetano de Campos e outros gestores educacionais) a formação de um sistema regional de educação pública. As transformações sociais dos anos 1920 vão empurrar os intelectuais da área da educação na direção da perspectiva e dos horizontes da nova classe média, embora a maior parte deles seja egressa da classe média tradicional, não mais apenas de São Paulo ou do Rio de Janeiro, e sim de várias regiões do país. Os objetivos **políticos** defendidos pelos intelectuais da educação, em ascensão nos anos 1920, já são outros. Trata-se de suscitar a intervenção **ativa** do Estado central no processo nacional, com vistas à elaboração de uma regulamentação **nacional** de **todos** os níveis de ensino. Para os novos intelectuais da educação, o Estado central deve superar, na área da política educacional, o "delegacionismo", o absenteísmo e a prática da oscilação decisória. Cabe ao Estado organizar em termos estritos o funcionamento e a coexistência da Escola Pública, da escola confessional e da escola privada, avançando na regulamentação do ensino secundário (até então, de caráter virtualmente propedêutico) e do ensino superior (ainda em fase pré-universitária). Os novos intelectuais da educação propõem ao Estado nacional um intervencionismo educacional ativo, que se encontra em sintonia com a aspiração da nova classe média à "modernização" do país e, portanto, à adoção pelo Estado central de uma postura intervencionista ativa nos campos econômico e social. Como a pressão social exercida pela nova classe média é difusa (isto é, não se concretiza através do surgimento de um partido típico de classe média, como o Partido Radical francês), o grupo intelectual ganhará grande importância no processo de "traduzir" tais aspirações numa linguagem pública, inteligível no ambiente burocrático, cultural e profissional.

Mas qual é a orientação ideológico-política da proposta de intervencionismo educacional ativo? Nela está presente, antes de mais nada, um democratismo elementar: o Estado nacional deve garantir a universalização do acesso à educação primária, o que supõe a instauração da escola primária pública, gratuita e obrigatória. Mas o democratismo não se aprofunda, quando os novos intelectuais da educação passam a discorrer sobre os passos seguintes da trajetória escolar. Ao invés de visualizar a continuação da trajetória escolar única no ciclo seguinte (ensino secundário), os novos intelectuais, movidos por um realismo capitalista, já passam a supor inevitável **a bifurcação** das trajetórias escolares: ensino acadêmico para aqueles mais vocacionados para as atividades intelectuais (entenda-se: mais equipados com capital cultural, por pertencerem à classe média ou aos grupos sociais dominantes), ensino técnico-profissional para aqueles destituídos desses atributos (entenda-se: os filhos de trabalhadores manuais). Os novos intelectuais querem "modernizar" a educação; porém, a "modernização" da sociedade (passagem ao capitalismo) exige que se façam algumas ressalvas ao princípio democrático na organização do mundo escolar. A "modernização" capitalista exige a diferenciação das trajetórias escolares. O realismo educacional exige, portanto, que se antecipe a distinção de classe, sonegando aos alunos proletários a obtenção de uma formação intelectual e cultural completa, que lhes permitiria aspirar a um destino social e profissional diferente daquele que coube aos seus pais. O realismo capitalista, que aconselha à escola empurrar rapidamente os alunos proletários para o ensino técnico-profissional, não foi oriundo do radicalismo francês. A classe média republicana francesa via a Escola Única como o modelo escolar que proporcionaria não somente a educação primária, como também a educação secundária, a todos os alunos; por isso, republicanos moderados e radicais lutaram, durante 50 anos, pela aprovação, no Parlamento francês, da gratuidade do ensino secundário (instaurado, de fato, em 1933). A visão radical da sociedade capitalista implicava lutar pela "abertura" da sociedade e pela democratização das oportunidades, qualquer que fosse a posição dos capitalistas acerca dessa evolução. A classe média republicana lutava **dentro** do capitalismo, e aceitava a sobrevivência do capitalismo, por ocupar uma posição privilegiada dentro da hierarquia do trabalho. Quando lemos os trabalhos do filósofo radical Alain, não encontramos, em nenhum momento, a preocupação com os "problemas" que os capitalistas, o mercado e o Estado terão de resolver se **todos** os alunos, pobres ou ricos, lograrem cumprir uma trajetória escolar envolvendo o ensino secundário. O "problema" a ser resolvido pela Escola Pública não é a adequação entre educação e mercado; e sim o da formação integral de todos os alunos. O direcionamento antecipado dos alunos proletários para o ensino profissional corresponde a uma política educacional antidemocrática que, se nem sempre serve **concretamente** aos interesses do empresariado industrial, está em sintonia com os preconceitos de classe próprios a esse grupo social.

Os adeptos brasileiros da nova educação se mostram democráticos quando defendem a universalização do acesso à escola primária, e exigem que o Estado nacional se comprometa com esse princípio. Mas se mostram apenas "realistas" quando propõem uma bifurcação de trajetórias escolares que: a) confina os alunos proletários em cursos de aprendizado profissional; b) priva esses mesmos alunos de uma formação intelectual, científica e cultural completa, que lhes permitiria fugir à trajetória social determinada pela condição socioeconômica dos pais. O teórico mais conspícuo do escolanovismo brasileiro, Anísio Teixeira, habitualmente identificado como "democrata", coloca em evidência a sua posição "realista" no texto *Educação não é privilégio*: "[...] Onde iremos buscar recursos para pagar a todos que, 'educados', apenas se poderão dedicar aos 'serviços' intermediários da civilização?" (TEIXEIRA, 1957: 43).

Não podemos afirmar que esteja presente, no discurso dos novos intelectuais da educação, uma contradição entre "democratismo" e "realismo". Na verdade, ambos os termos se harmonizam, na medida em que o **nível** de democratismo é balizado, no escolanovismo brasileiro, pelo realismo capitalista. Em suma: o democratismo da Escola Pública brasileira não é similar ao democratismo da Escola Pública francesa. Enquanto, na França, procurou-se (com grandes dificuldades, é certo) levar todos os alunos da escola primária a uma trajetória escolar que abrangia (desde 1933) o ensino secundário, no Brasil pós-1930, pensou-se a trajetória escolar completa (que levava à Universidade) como um privilégio dos grupos sociais dominantes e da classe média, restando aos alunos proletários a inserção no ensino técnico-profissional, sem vinculação orgânica com a formação científica, intelectual e cultural integral. Os escolanovistas brasileiros podiam, portanto, declarar-se abertamente "democráticos" e "realistas".

Problema distinto é o da coexistência conflituosa entre a pedagogia da Escola Nova e o seu local de aplicação: a Escola Pública. Nos EUA, essa pedagogia foi pensada por Dewey e Kilpatrick, tendo em vista a sua aplicação em escolas particulares: confessionais, comunitárias ou empresariais. Ora, essa pedagogia, pensada para espaços escolares com poucos alunos, relativamente desburocratizados e com clima participativo, tornou-se no Brasil o eixo do discurso educacional de gestores da educação pública, caracterizada pelo alto nível de burocratização, pela grande quantidade de alunos e pela baixa participação da comunidade. Muitos autores detectam nessa coexistência a raiz do "paradoxo" do escolanovismo no Brasil. Abordaremos esse tema no item final deste capítulo.

O sistema nacional de educação pública no período nacional-populista (1930-1964)

Já nos referimos anteriormente à complexidade política do período 1930-1964. De um lado, processa-se, como assinala Saviani, a "recomposição política do bloco das classes dominantes", e o Estado bonapartista implementa uma política de conciliação entre interesses dos antigos e dos novos grupos dominantes, embora essa política se desenvolva num contexto geral que não favorece (ou desfavorece) igualmente antigos e novos grupos sociais. De outro lado, a classe média, como força revolucionária, exerce pressão para que o "Estado liberal-oligárquico" anterior a 1930 se converta num Estado intervencionista, executando políticas **ativas** em diferentes níveis, como o econômico, o social e o educacional.

Se levarmos em conta o "delegacionismo", o absenteísmo e o caráter oscilatório da política educacional do Estado nacional anterior a 1930, podemos concluir que a instauração do ensino público, gratuito e obrigatório pelo Estado central, mesmo no nível mais elementar (primário), equivaleria ao início da construção de um sistema nacional de educação pública no Brasil. Alguns autores costumam atribuir a ausência desse princípio na Constituição Federal de 1891 a fatores como "a interpretação equivocada e exagerada dos princípios do liberalismo", o desejo de postergar uma medida que seria economicamente pouco viável etc. A nosso ver, a verdadeira razão dessa ausência é a inexistência, em escala nacional, de uma classe média poderosa, que poderia compensar as pressões exercidas pelos grupos dominantes tradicionais com vistas a impedir a instauração da Escola Pública no país. No estado onde a classe média já tinha importância econômica e social, e gozava de um elevado status – o estado de São Paulo –, foi politicamente possível a implantação de um sistema regional de educação pública. A capacidade de pressão da classe média paulista continuou se manifestando após o fim da Primeira República: em 1947, a Constituição estadual paulista determinou a gratuidade do ensino em todos os níveis. A nível nacional, a situação só se inverteria após a movimentação revolucionária da classe média em 1930.

A Constituição Federal de 1934, através do seu artigo 150, alíneas a e b, instaura "o ensino primário integral gratuito e de frequência obrigatória", e prognostica a "tendência à gratuidade do ensino educativo ulterior ao primário, a fim de o tornar mais acessível". O prognóstico é irrelevante, como nos ensinaram as décadas seguintes, mas não isento de significado ideológico: o texto constitucional anuncia que o sistema de educação pública está em vias de se constituir, e resulta de um processo dinâmico, em evolução contínua. Em suma: a Constituição declara que o Estado nacional vem de assumir uma posição **ativa** com relação à educação. Que nada mais tenha sido realizado, nos terrenos da obrigatoriedade e da gratuidade, até o fim do período nacional-populista, sugere que a pressão da classe média se direcionou, uma vez satisfeita a sua inclinação democrática básica (universalização do acesso à educação elementar), para a reforma qualitativa da educação secundária e para a organização da esfera universitária.

As duas reformas do ensino secundário, no período 1930-1945, apresentam um claro objetivo social: a valorização dos detentores desse diploma, relativamente aos portadores exclusivos do diploma da escola primária. Poder-se-ia, em tese, pensar que a mera posterioridade do curso secundário com relação ao curso primário já indicaria a superioridade escolar dos secundaristas. Ocorre, entretanto, que, até o fim da Primeira República, o ensino secundário tinha caráter nitidamente propedêutico: ao invés de submeter os alunos a um currículo seriado, ele preparava, através de disciplinas isoladas, os alunos para exames parcelados de ingresso no ensino superior.

Funcionando como mero sistema preparatório, o ensino secundário não poderia fornecer a seus alunos um diploma que conferisse status acadêmico e social. A reforma Francisco Campos, de 1931 (Decreto nº 19.890), era orientada por dois objetivos, de caráter complementar. De um lado, ambicionava-se proporcionar uma estrutura bem definida ao curso; e, dessa forma, transformar o aluno no detentor de um certo saber acadêmico, condensado num currículo sólido. De outro lado (e ao mesmo tempo), procurava-se implementar, pela via da estruturação rígida do curso e da fixação do currículo escolar, a valorização social do diploma, que se tornava progressivamente mais relevante na vida social e profissional (um processo semelhante ao da valorização do bacharelado francês, que, além de constituir a via de acesso ao ensino superior, produzia efeitos sociais próprios, constituindo-se em símbolo de status). A reforma Francisco Campos procurou dar organicidade ao ensino secundário, estabelecendo: a) o currículo seriado; b) a frequência obrigatória; c) dois ciclos: fundamental (cinco anos) e complementar (dois anos); d) a exigência de diploma nos dois ciclos para o ingresso no ensino superior. A Lei Orgânica do Ensino Secundário de 1942 (Decreto-lei nº 4244), assinada pelo ministro Gustavo Capanema, tomava a mesma direção encetada pela reforma anterior. A par de reestruturar o ensino secundário, criando dois ciclos (o ginasial, e um segundo ciclo, subdividido em clássico e científico), o projeto conferia ao ensino secundário a função de formar intelectual e moralmente o adolescente. A interpretação política da Lei Capanema sobre o ensino secundário não é unânime entre os pesquisadores da educação brasileira. Para José Antônio Tobias, Capanema visa, através da reforma, à aristocratização do ensino secundário. Tobias destaca, da Exposição de Motivos, a seguinte passagem:

> É que o ensino secundário se destina à preparação das individualidades condutoras, isto é, dos homens que deverão assumir as responsabilidades maiores dentro da sociedade e da nação, dos homens portadores das concepções e atitudes espirituais que é preciso infundir nas massas, que é preciso tornar habituais entre o povo (TOBIAS, 1986: 286).

Em Capanema, Tobias destaca, favoravelmente, o abandono da visão de que o ensino secundário deva ser simplesmente um curso preparatório para as faculdades; bem como a de que qualificação do curso secundário deva ser um processo de formação do adolescente. Já Otaíza Romanelli vê, no tema das "individualidades condutoras", anunciado por Capanema na Exposição de Motivos, um indício da influência fascista (ROMANELLI, 1991: 159). Outros autores detectam, por trás das ponderações educacionais de Capanema, a tradicional visão dicotômica da sociedade, típica do pensamento conservador: elite (condutores de massas) *versus* povo passivo (massa). Não temos condições, aqui, de definir se o que encontramos em Capanema resulta da influência ideológica do fascismo; ou se é mera expressão do pensamento político conservador pré-fascista, que abrange diversas versões da teoria das elites e da teoria da liderança. Mas é indubitável que a valorização do ensino secundário, projetada por Capanema, corresponde às aspirações da nova classe média, pois a posse desse diploma, nas novas condições (um curso estruturado, e não um conjunto de disciplinas avulsas), confere superioridade de status relativamente aos meros portadores de um certificado de escola primária.

O ciclo de regulamentação e valorização do ensino secundário, iniciado após a Revolução de 1930, e concretizado através da reforma Francisco Campos (1931) e da Lei Orgânica do Ensino Secundário (1942), levou a uma expansão da rede particular de estabelecimentos escolares, destinados à classe média e aos grupos sociais dominantes. O crescimento do setor escolar privado provoca, na fase final desse período, o aumento da pressão de classe média por vagas dentro da Universidade pública. Mas, dentro do modelo vigente de coexistência entre Escola Pública e escola privada, o Estado conta com a expansão da oferta de ensino superior privado para resolver esse "problema"; e se abstém de expandir a rede universitária federal, pois essa política, a despeito de ser apoiada pela classe média, seria combatida pelos grupos sociais dominantes. O resultado da combinação entre a ação regulamentadora do Estado e a inação no plano da expansão da rede universitária federal será duplo. De um lado, a classe média se verá frustrada em sua aspiração à conquista de um status universitário. De outro lado, o regime militar recorrerá a uma fórmula conservadora para a resolução desse "problema" nascido no seio do *establishment* social: a aceleração do processo de privatização do ensino superior no Brasil.

A pressão da classe média deveria também se manifestar, a partir da Revolução de 1930, no terreno da construção da Universidade pública e da regulamentação das atividades universitárias privadas. Para esse segmento social, havia em primeiro lugar uma questão de **status** a ser enfrentada: qual seria a distinção social entre os portadores de diplomas do ensino superior e os portadores de diplomas universitários? Obviamente, essa questão se ligava, na prática, a uma questão acadêmica: qual a diferença organizacional, científica e curricular entre uma faculdade e uma universidade? A análise do processo de regulamentação da Universidade (Decreto nº 19.851, de 1931) nos leva à conclusão de que a segunda questão era minimizada pela "massa" da classe média, bem como por seus "intelectuais orgânicos" (intelectuais da educação); isso sem falarmos dos grupos sociais dominantes, para os quais a construção da Universidade no Brasil não ocupava um lugar elevado na escala de prioridades nacionais.

Quando pensamos sobre a criação da Universidade, numa sociedade do século XX, somos imediatamente levados a pensar que o modelo humboldtiano de Universidade deveria figurar no centro do debate público e governamental sobre a questão. Ministro da Instrução da Prússia na primeira metade do século XIX, Wilhelm von Humboldt definiu a Universidade como um espaço institucional destinado à pesquisa teórica e científica, bem como à preparação dos jovens alunos para a carreira de pesquisador. Não se ministrariam cursos profissionalizantes nas universidades; tais cursos seriam uma incumbência das faculdades. Os alunos diplomados em universidades poderiam, caso decidissem obter uma formação profissional, inscrever-se numa faculdade de sua preferência, após a conclusão de seu curso universitário. Mas seria impossível obter, na esfera universitária, a formação profissional desejada. Para Humboldt, enfim, a Universidade era o *locus* da pesquisa científica, bem como o espaço institucional onde se ensinava a fazer pesquisa científica. Mesmo sendo habitante, cidadão e ministro de um país de fortes tradições culturais, científicas e educacionais como a Prússia (antes da unificação alemã), Humboldt teve grandes dificuldades em implantar seu modelo de diferenciação do ensino superior (universidades *versus* faculdades), mas legou esse modelo a todo o mundo ocidental (CASPER & VON HUMBOLDT, 2003: 79-100).

Para os nossos propósitos, a questão que interessa é a seguinte: o modelo humboldtiano exerceu alguma influência sobre o círculo burocrático e intelectual responsável pelo decreto que formalizou o Estatuto das Universidades Brasileiras? A nosso ver, esse estatuto se encontra no extremo oposto ao modelo humboldtiano. O seu artigo 5º dispõe que uma universidade consiste, obrigatoriamente, na reunião de faculdades preexistentes, das quais três devem ser escolhidas dentro do seguinte elenco: Direito, Medicina, Engenharia e Educação. Em suma: uma universidade consiste numa associação de faculdades profissionais. Por essa razão, é difícil sequer imaginar que ela possa cumprir o duplo objetivo, dentre vários anunciados no artigo 1º: a) promover a investigação científica; b) propiciar a formação profissional. Estando as faculdades participantes do núcleo fundador voltadas para a ministração de formação profissional, seria politicamente inviável que as novas faculdades promovessem uma revolução científica e organizacional, que redundasse na emergência da instituição universitária como lugar institucional da pesquisa científica e da preparação de novos pesquisadores. Antevendo essa dificuldade, os intelectuais fundadores da USP (a primeira universidade a se enquadrar, em janeiro de 1934, ao novo Estatuto) haviam criado a Faculdade de

Filosofia, Ciências e Letras, destinada a realizar pesquisas e estudos teóricos, bem como formar professores para o magistério secundário. Mas uma faculdade isolada não poderia, sozinha (ainda que esse fosse o intento de seu quadro docente), reverter a orientação profissionalizante das demais faculdades, algumas delas socialmente muito poderosas, como as participantes do núcleo fundador: Medicina, Politécnica e Direito).

Na verdade, era quase impossível que uma universidade, escudada apenas num Estatuto que se omitia sobre as condições docentes de realização da pesquisa científica dentro do espaço universitário, lograsse reverter a sua tendência natural (dadas a sua história anterior, no caso do núcleo fundador, e as condições sociais e culturais vigentes, no caso das novas faculdades) ao ensino profissionalizante. E os artigos 8º e 9º, ao estabelecerem a autonomia individual de cada escola, inviabilizavam o planejamento global de atividades de pesquisa, e praticamente estimulavam as faculdades a se concentrar em atividades curriculares. Em suma: o clima social, cultural e político vigente, do qual o Estatuto era a expressão jurídica, contribuía para que a Universidade nascesse, no Brasil pós-1930, como uma "somatória de faculdades profissionais"; e não como a instituição multidisciplinar de pesquisa científica, projetada por Humboldt. Como bem diz Romanelli:

> É à velha concepção, ainda remanescente, que se devem imputar a consagração e a obrigatoriedade de manter, na constituição de universidades brasileiras, esses cursos

formadores de profissionais para as carreiras liberais (ROMANELLI, 1991: 134).

Como interpretar a emergência de uma pressão de classe média, no pós-1930, a favor da regulamentação das atividades universitárias? E como avaliar a falta de um clamor público contra a institucionalização da Universidade como uma "central de cursos profissionalizantes"? Para responder à primeira questão, devemos voltar à Primeira República, para relembrar que, nos círculos governamentais, eram numerosos os antagonistas da Universidade pública: positivistas (em primeiro lugar, os ortodoxos, mas também muitos heterodoxos), e mesmo spencerianos (por exemplo, Alberto Sales). Se não há uma forte vontade política, dentro do círculo governamental, a favor de uma certa orientação, não é razoável supor que a sua base social de apoio (no caso, a classe média tradicional) entre em atrito com o governo, salvo se a medida política desejada for crucial para a sua reprodução como grupo social. Além disso, a classe média tradicional tinha em alta conta a Escola Normal da Praça da República, onde muitos familiares eram alunos e muitos outros familiares atuavam como docentes. Ora, entre alguns professores da Praça, encontrava-se a tendência a rejeitar o ensino superior público; e essa posição acabava se transmitindo a certos alunos.

Já a nova classe média, situada no topo da vaga revolucionária, vê o ensino superior como um instrumento de ascensão social; mas também intui que a regulamentação da existência do ensino superior e a criação jurídica da Universidade podem fazer com que os certificados do ensino superior ganhem maior prestígio e tenham maior repercussão prática e profissional. A visão da nova classe média sobre a Universidade é, portanto, singela; esse grupo a vê como um instrumento para se valorizar socialmente, e não como uma instituição onde se produz e se difunde ciência. Essa visão permaneceu durante todo o período nacional-populista, e mesmo depois. Isso explica que a classe média brasileira tenha se acomodado ao inchaço do ensino superior privado e se rendido ao padrão acadêmico vigente na média das faculdades particulares.

No período pós-1930, a política nacional de construção de um sistema de educação pública exigiria uma intervenção estatal sistemática, e não intermitente, no domínio da educação técnico-profissional. A Primeira República correspondeu ao início da fase industrial. As primeiras fábricas (tecelagens, indústrias de utensílios, de alimentos ou bebidas) assumiam dominantemente a forma de manufaturas, e o trabalho nelas prestado era um trabalho de natureza semiartesanal, e não um trabalho altamente mecanizado. Faltava, portanto, uma base industrial moderna para uma política minimamente consistente de educação técnico-profissional. As escolas técnicas federais, implantadas em pequeno número, seguiam em geral um padrão único, desconsiderando as peculiaridades econômicas e manufatureiras de cada região. Essa indiferença dos agentes governamentais diante da realidade econômica evidencia que a intervenção do Estado nacional nessa área educacional tinha uma função mais ideológica que propriamente desenvolvimentista. Em que consistiria essa função ideológica? A rigor, tratava-se de mostrar à classe média que era possível criar, após a escolarização primária, um "compartimento educacional" específico para os trabalhadores manuais, evitando assim o "contágio" e a competição entre os dois grupos sociais. Na verdade, apenas o presidente Nilo Peçanha (1909-1910), identificado com as tendências nacionalistas e industrializantes da média oficialidade do Exército, projetou uma política nacional de educação profissional, que deveria acompanhar um esforço político de deflagração do processo de industrialização. Mas, obviamente, não dispôs de tempo para levar adiante a sua proposta. De todo modo, o seu projeto destoava daquilo que a classe média do período supunha ser a postura adequada da União dentro de um Estado federativo: a prática de um "delegacionismo" e de um absenteísmo que não ferissem as iniciativas governamentais dos Estados mais poderosos.

A situação econômica e política se altera no pós-1930. O Estado criado pela Revolução de 1930 é um "Estado de compromisso", que promove a conciliação de interesses dos antigos grupos dominantes (burguesia comercial-exportadora) e da burguesia industrial, devendo complementarmente responder a uma pressão social "difusa" da classe média a favor de um intervencionismo econômico e social que a integre, nos planos do consumo econômico e cultural, ao "mundo moderno". A ação ideológica de "compartimentação educacional" dos trabalhadores manuais deve, portanto, se desenvolver e se aprofundar: o Estado nacional deve propor uma política de educação profissional que cumpra essa função ideológica e, ao mesmo tempo, seja um aspecto do compromisso político que o Estado está selando com o empresariado industrial.

A legislação sobre educação profissional surge entre 1942 e 1946; e reflete o clima de compromisso político que só um Estado bonapartista, como o Estado Novo, poderia instaurar. Alguns dos decretos-lei que fazem parte desse conjunto de dispositivos legais foram publicados após a queda do Estado Novo; isto é, em 1946. Todavia, foi a equipe governamental do Estado Novo a responsável pela elaboração de seu conteúdo. Parece-nos, portanto, correto relacionar o conjunto de decretos-lei sobre educação profissional, de 1942-1946, com a "elevação" (persuasiva ou coercitiva) do clima de compromisso entre Estado e grupos sociais dominantes, durante o Estado Novo. Qual é o objetivo do governo, ao assinar os decretos-lei que criam o SENAI (aprendizado industrial), em 1942, e o SENAC (aprendizado comercial), em 1946? Trata-se de envolver compulsoriamente o empresariado industrial e comercial na educação profissional de seus aprendizes e trabalhadores menores, cabendo aos empresários o financiamento dos cursos e a instalação das escolas dentro de suas empresas (ou em local próximo). E, para que o empresariado não procure escapar por entre as eventuais "brechas" do texto legal, a legislação exige que empresários industriais e comerciais sempre tenham a seu serviço aprendizes, a quem será necessariamente propiciada formação profissional.

O sistema S perdura até hoje; ele foi, de resto, uma das iniciativas **politicamente** bem-sucedidas do Estado nacional-populista. Desde o Estado Novo, o Estado brasileiro logrou construir para si mesmo a imagem de uma instituição que "convida" o empresariado a propiciar (com boa ou má vontade) formação profissional para os seus trabalhadores. Uma outra questão é a da eficiência mostrada pelas escolas desse sistema na preparação dos aprendizes para o trabalho concreto na empresa. Não temos condições, por falta de pesquisa pessoal nessa área, de tratar aqui essa questão. Mas temos sempre em mente as reflexões de Pierre Bourdieu sobre a defasagem entre a vida prática e a escola (ou, mais especificamente, a defasagem entre a prática concreta do trabalho e a educação profissional). Por isso, alimentamos a suspeita de que, no processo social concreto, o trabalho, premido por inovações técnicas, mudanças organizacionais ou reformulações do mercado, evolui mais rapidamente que a educação profissional; na competição infinda entre os dois termos (trabalho e escola), o segundo jamais alcança o primeiro. Leia-se o que diz Romanelli sobre esse tema:

> Daí porque treinamento específico, seja em nível de aprendizagem elementar, seja em nível de qualificação mais elevada, ou de especialização, só pode ser feito nas empresas. Por isso, o SENAI e o SENAC tiveram mais oportunidades de obter êxito na preparação da mão-de-obra ao se ocuparem da preparação elementar e rápida dada por cursos de aprendizagem (ROMANELLI, 1991: 168).

Queremos, entretanto, para encerrar este ponto, voltar à dimensão ideológica da política nacional pós-1930 para a educação nacional. A adoção da fórmula mista (o Estado obrigando o empresariado a fornecer educação profissional aos seu trabalhadores) aperfeiçoou o "confinamento educacional" dos trabalhadores manuais, trazendo consideráveis ganhos psicossociais à classe média. Da estratégia de "contenção educacional" dos trabalhadores manuais, implementada aparentemente pelo Estado em função de alvos mais progressistas, resultou a operação permanente de um "sistema dual de educação" (a expressão é de Romanelli). Classe média e grupos sociais dominantes cursam o ensino secundário e o ensino superior, abrindo caminho para as posições superiores da divisão capitalista do trabalho; trabalhadores manuais permanecem confinados no compartimento proletário: educação primária e, a seguir, educação profissional. O deslocamento do proletariado do processo de formação intelectual integral e o seu encaminhamento, com o auxílio do Estado nacional, para o terreno da educação profissional, trouxe para a classe média uma vantagem social concreta (a redução da competição educacional com um grupo social subalterno) e uma vitória no plano ideológico (o sentimento de estar participando da trajetória educacional de elite por sua superioridade sobre os trabalhadores manuais). Por isso, também, pode-se dizer que o período nacional-populista foi um período de melhoria da posição relativa da nova classe média dentro da hierarquia de status e de prestígio social.

Formalmente, o momento final da construção do sistema nacional de educação popular foi a aprovação, pelo Parlamento, da primeira lei orgânica da educação no Brasil: a Lei de Diretrizes e Bases, de dezembro 1961 (Lei nº 4.024). Logo após a Revolução de 1930, o Estado nacional propôs a redação de uma lei orgânica da educação. No clima de instabilidade política dos anos 1930, isso não ocorreu. Em compensação, o Estado Novo editou leis orgânicas "setoriais", como compensação para a ausência de um projeto contendo diretrizes gerais para a educação nacional, o "setorialismo" do tratamento dado à educação correspondendo, de resto, ao espírito "corporativista" reivindicado pelo Estado Novo. Uma vez derrubado o regime, a nova Constituição retoma a questão, adormecida desde a década de 1930. No seu artigo 5º, item XV, alínea d, a Constituição de 1946 estabelecia que cabia à União legislar sobre as diretrizes e bases da educação nacional. Em 1948, é apresentado um anteprojeto, elaborado por uma Comissão Mista. Durante muitos anos, o debate parlamentar sobre o documento gira em torno de uma questão que assume dimensões mais técnicas que políticas: a questão do caráter mais ou menos descentralizado do sistema de educação pública. Num país em que, desde a Revolução política burguesa, os grupos sociais dominantes haviam optado por conferir um caráter federativo ao Estado capitalista nascente, a discussão sobre o caráter mais ou menos descentralizado da educação pública só poderia subir de tom, caso ela resultasse de um debate nacional sobre a manutenção, ou não, da forma federativa de Estado capitalista. Sendo colocada a natureza federativa do Estado brasileiro como um pressuposto político e doutrinário de toda a discussão sobre a educação pública, só restaria aos debatedores tirar as consequências práticas de sua opção política mais geral, consistente em rejeitar a ideia de construir um Estado unitário (como o Estado francês). O espaço do debate seria, portanto, tão somente o espaço da reflexão sobre as variações possíveis nas relações educacionais entre o poder local, o poder regional e o poder nacional, tudo levando a crer que a maior parcela de responsabilidade, na maioria das propostas, acabaria cabendo ao poder regional, como acontece normalmente em sistemas políticos federativos.

O debate só se torna intenso, de fato, no fim da década de 1950, quando a questão relativamente inócua (quando não acompanhada de uma discussão política sobre os limites do Estado federativo) da divisão do trabalho educacional entre as diferentes instâncias do Estado cede a prioridade à questão da relação de poder entre Escola Pública e escola privada no Brasil. Agora, o alinhamento das forças é claramente político. De um lado, a classe média tradicional, os partidos conservadores (como a UDN) e a Igreja católica criticam antecipadamente a suposta intenção das forças progressistas de instaurar o monopólio estatal da educação. De outro lado, os educadores e intelectuais progressistas, os militares nacionalistas e os partidos do bloco populista detectam no bloco conservador a intenção de ampliar o espaço de atuação da escola privada, confessional ou empresarial. É importante detectar, por trás desse confronto entre conservadores e progressistas no terreno da política educacional, o fim de um longo percurso realizado pela classe média brasileira, da Revolução política burguesa (1888-1891) até a integralização do período de transição para o capitalismo (fim dos anos 1950). A classe média nasce como um apêndice dos grupos sociais dominantes; a seguir, conquista sua autonomia social, e forja um elitismo republicano. Nos anos 1920, torna-se já visível a emergência de uma nova classe média, ligada ao processo de nascimento das indústrias e à imigração; esse novo segmento exercerá uma pressão social difusa para que o Estado liberal oligárquico se transforme num Estado socialmente intervencionista, capaz de proporcionar consumo "moderno" e bem-estar às populações urbanas. No fim do período nacional-populista, esses dois segmentos da classe média tendem a se encontrar para um confronto em torno dos rumos da educação nacional. O resultado desse confronto é a publicação da LDB (Lei nº 4.024), em dezembro 1961. A que segmento da classe média a LDB, por seu conteúdo, confere a vitória política? A maioria dos pesquisadores da educação brasileira reconhece que a votação da LDB foi uma *journée de dupes* ("jornada de tolos") para os setores progressistas, muito embora alguns escolanovistas tenham procurado apresentar o resultado como um empate entre as duas correntes. Deixemos de lado as questões pedagógicas ou administrativas, e concentremo-nos nas questões diretamente políticas. Merece menção rápida, entretanto, uma questão que, não obstante o seu caráter organizacional, tem repercussões diretamente sociais e indiretamente políticas. A LDB mantém o exame vestibular como via de acesso às universidades públicas, ignorando as lições do primeiro mundo (capitalista), que no entanto são lembradas quando vêm à baila outros temas. A manutenção do vestibular confirma a duplo título o caráter altamente seletivo da educação pública no Brasil. No presente, o vestibular seleciona uma minoria de alunos em condições acadêmicas de se alçar ao nível do ensino superior; ao futuro, a manutenção do vestibular promete que, em sendo os "melhores" uma minoria, não será necessária a expansão do ensino universitário público (a insuficiência de vagas não constituindo, portanto, um "problema" a ser resolvido pela Universidade).

A questão política fundamental diz respeito à minimização dos poderes do Ministério da Educação na LDB: o poder normativo sobre a educação é transferido desse ramo do aparelho estatal para Conselhos de Educação (Federal e Estaduais), onde irão se alojar, não os representantes de professores, alunos e pais, escolhidos pelas comunidades escolares, e sim os representantes dos estabelecimentos escolares privados, escolhidos por nomeação. Questões como a da determinação do montante global de bolsas e financiamentos, concedidos a escolas públicas e privadas, cabem aos Conselhos, restando ao Ministério da Educação a incumbência de **homologar** as decisões já tomadas. A influência das escolas privadas e confessionais na gestão educacional vai crescer consideravelmente, prenunciando o que ocorrerá nos períodos políticos seguintes (regime militar, Nova República): aumento do espaço ocupado por escolas particulares nos níveis médio e superior, crescimento de sua influência na elaboração das políticas educacionais. O ensino público, primário e secundário, também sofrerá os efeitos da política privatista prescrita pela LDB. A priorização do ensino privado pelos Conselhos Estaduais de Educação levou ao favorecimento de estabelecimentos particulares na distribuição de bolsas e de salário-educação, o que provocou indiretamente o declínio da qualidade do ensino público. No episódio da LDB, portanto, a nova classe média, sustentáculo social do intervencionismo populista, é derrotada pela classe média tradicional, agora metamorfoseada em alta classe média tecnocrática, mas sempre alinhada com o pensamento conservador, antiestatista e antipopular. É inevitável comparar esse desfecho com o fim do "período de classe média" da França republicana. No multipartidarismo que sucede ao regime de ocupação (1945), os partidos de classe média perdem importância, e o radicalismo se torna um movimento político sem expressão. A despeito disso, a Escola Pública continuará exercendo uma clara hegemonia sobre a escola confessional. O Ministério da Educação continua exercendo amplos poderes e agenciando a coexistência entre Escola Pública e escola privada. Embora não se possa dizer que, no pós-guerra, a classe média seja ainda a força dirigente do processo de funcionamento do sistema de educação pública, deve-se, no entanto, reconhecer que ela continua a ser o principal sustentáculo social da Escola Pública na França.

Concepções educacionais e ideologia de classe no período nacional-populista (1930-1964)

A disposição ideológica prática da nova classe média é similar à da classe média tradicional, quando esta já se colocou em luta contra a "relação de favor" com os grupos sociais dominantes, e pelo reconhecimento social da competência e do talento. Ambos os grupos sociais agem (num primeiro momento histórico, a classe média tradicional; em seguida, a nova classe média) em prol da valorização econômica e social dos trabalhadores não manuais; isto é, pelo reconhecimento de sua superioridade relativamente aos trabalhadores manuais. Para que essa valorização ocorra, é preciso que a sociedade capitalista em formação se abra; ou seja, que ela elimine os seus resíduos institucionais aristocráticos, e instaure a possibilidade formal de competição entre os membros de diferentes grupos sociais, nos diversos terrenos da vida social. A classe média aspira, praticamente, a uma sociedade capitalista "aberta" (e não "fechada" ou aristocrática), para que a superioridade de seus membros na hierarquia capitalista do trabalho, e consequentemente na hierarquia de status social e de prestígio, **pareça** resultar da superioridade moral e intelectual dos seus indivíduos, e não do capital econômico, social e cultural detido por suas famílias. A classe média está, portanto, envolvida na construção de um simulacro socialmente eficaz: a "sociedade aberta". Esse processo de construção implica, concretamente, a implementação de políticas sociais com dupla face: a) iniciativas governamentais de "democratização relativa" da sociedade capitalista; b) a criação, no plano institucional, de um clima formal de competição educacional entre a classe média e o proletariado; clima esse que oculta a execução de políticas tendencialmente favoráveis à melhoria de posição da classe média relativamente ao proletariado.

Essa perspectiva social única se encontra por trás da defesa que os representantes ideológicos da classe média fazem de uma série de medidas que, contando com o apoio da opinião pública, converter-se-ão em pontos altos (do ponto de vista, é claro, do grupo social em questão) da intervenção do Estado nacional no domínio da educação. A primeira dessas medidas é a decretação da obrigatoriedade e da gratuidade do ensino primário a nível nacional. Se a classe média tradicional paulista havia exigido, antes mesmo da queda do Império, a decretação da obrigatoriedade e da gratuidade do ensino primário, à nova classe média parecerá escandaloso o absenteísmo do Estado liberal-oligárquico nesse domínio; o que leva ao sucesso dessa reivindicação democrática na Assembleia Constituinte de 1933-1934. Desde 1934, o ensino primário se torna gratuito e obrigatório em todo o país, o que, em tese, implicaria a implantação, através dos três escalões do aparelho de Estado (local, regional e central), de uma rede nacional de escolas públicas. Que essa rede não tenha se instalado no período em questão se deve à resistência dos grupos sociais dominantes a essa política: os grupos sociais dominantes tradicionais são claramente contrários à educação pública, e o empresariado industrial não manifesta interesse em que uma parte substancial do orçamento estatal seja bloqueada num terreno a seu ver tão improdutivo, como o da educação pública. Em segundo lugar, mencione-se a política de regulamentação rigorosa do ensino secundário, concretizada por meio de reformas como a de Francisco Campos (1931) e a de Gustavo Capanema (1942). Tais reformas procuram subtrair ao ensino secundário a condição de mero espaço escolar de preparação dos alunos para o acesso ao ensino superior. Elas implicam, portanto, a estruturação do curso, sua subdivisão em ciclos, a elaboração de um currículo seriado, a especificação rigorosa das disciplinas, a definição cuidadosa do acesso ao ensino superior etc. O ciclo nacional-populista de reformas do ensino secundário determinará o aumento do status de seu diploma, e atrairá a nova classe média, sempre ansiosa em descobrir novos mecanismos de diferenciação social, para as escolas secundárias. O resultado da mudança de relação entre escola e classe média levará a uma expansão progressiva da rede de escolas secundárias (especialmente, as escolas privadas), o que por sua vez aumentará ainda mais o interesse da classe média pelo prosseguimento da escolarização de seus filhos.

A terceira medida educacional do governo central, relevante do ponto de vista da classe média, é a criação do Estatuto da Universidade (1931). Tal medida não parece representar um esforço político na direção da construção de instituições voltadas para a pesquisa científica e para a difusão do conhecimento científico. Embora o Estatuto afirme que a pesquisa científica é **um dos objetivos** da instituição universitária, o modo pelo qual esse documento trata a formação e a organização das universidades não nos permite esperar que tais instituições se encaminhem, na prática, para esse objetivo. O processo de formação de uma universidade, tal qual ele é prescrito pelo Estatuto, consiste na agregação de faculdades preexistentes (e, portanto, tendencialmente profissionalizantes), às quais virão se somar posteriormente novas unidades. Realisticamente, não se pode ignorar o peso das faculdades preexistentes (três, de uma lista de quatro) na organização da Universidade, bem como no exercício do poder universitário. Na verdade, a Universidade, definida como somatória de faculdades tendencialmente profissionalizantes, revelou uma fraca inclinação para a valorização da pesquisa científica: o modelo universitário, construído por Humboldt um século antes da publicação de nosso Estatuto, não produziu nenhuma repercussão visível nos círculos governamentais responsáveis pelo documento de 1931. Mas não há nada de surpreendente em que o modelo da "agregação de faculdades profissionalizantes" tenha sido adotado no Brasil. Na verdade, a educação para a formação de profissionais liberais, quando coroada por um diploma de alto valor social (sendo a Universidade uma instituição medieval), propiciava um status mais elevado que aquele garantido pela certificação em faculdades particulares. Para a classe média empenhada em obter uma formação profissional de tipo liberal no ensino superior, a possibilidade de obtê-la no âmbito universitário representava uma promoção social. Para muitos pesquisadores da educação, a Lei das Universidades de 1931 tinha um caráter claramente elitista. Essa afirmação é correta, se especificarmos a natureza desse elitismo: um elitismo **social**, apoiado num vestibular rigoroso e altamente seletivo. O que está ausente, no projeto, para o bem ou para o mal, é um elitismo **científico**: a formação em filosofia e em metodologia científica não é escolhida como eixo central indispensável ao currículo de todos os cursos universitários. A agregação institucional de faculdades isoladas para que elas formem um conjunto científica e **filosoficamente** desagregado, mas merecedor de um diploma distinto daquele conferido por faculdades isoladas, não altera o elitismo social, próprio ao ensino superior brasileiro; mas lhe agrega a característica de "populista", pois o diploma universitário, rebaixado na prática pela predominância de estudos profissionalizantes (e não científicos) no âmbito universitário, representa uma concessão simbólica importante para a classe média, sequiosa de uma certificação diferenciada com relação àquela que pode ser obtida pelo proletariado. Em suma: o caráter socialmente elitista e populista da concepção de Universidade proposta pelo Estado nacional-populista estava em sintonia ideológica com as aspirações sociais da nova classe média.

Examinemos, finalmente, as principais medidas tomadas pelo Estado nacional-populista no âmbito da educação profissional. As leis de 1942 e 1946, que regulamentam o aprendizado profissional na indústria e no comércio, e criam o SENAI e o SENAC, instauram uma fórmula mista de educação profissional. Dentro da perspectiva de instaurar um "compromisso" com os grupos sociais dominantes, o Estado nacional-populista compele, pela força da lei, o empresariado (industrial e comercial) a organizar, em suas empresas, a educação de seus aprendizes, bem como a financiar essas atividades. O fato de os alunos-aprendizes serem remunerados para fazer o curso tornava o aprendizado na empresa mais atraente que o ensino profissional oficial ou o ensino secundário. Desse modo, o Estado central, ao mesmo tempo que cumpria um compromisso "social" (fornecer educação pós-primária para as classes trabalhadoras), atraía os alunos proletários para as escolas de empresa e os distanciava, indiretamente, da escola secundária, onde competiriam com os alunos da classe média. Para a classe média, portanto, a fórmula mista encontrada pelo Estado central foi altamente vantajosa, pois induziu os trabalhadores manuais a um "confinamento educacional" espontâneo (ensino primário e, em seguida, ensino técnico-profissional no sistema S) que atenuou a competição interclasses no nível do ensino secundário. A classe média ainda podia nutrir o sentimento da existência de uma competição social e, ao mesmo tempo, ver-se como a vencedora nesse processo competitivo, dada a espontaneidade do encaminhamento dos dois grupos sociais adversários (classe média e proletariado) para duas trajetórias educacionais diversas.

É preciso, agora, refletir sobre as disposições ideológicas práticas da nova classe média em termos dinâmicos. Do ponto de vista estático (isto é, pelo ângulo da reprodução social), a nova classe média quer a conservação de sua superioridade sobre o proletariado, na divisão capitalista do trabalho e na hierarquia de status e de prestígio. Mas esse grupo social é um grupo ascendente, que deve se interrogar praticamente sobre o modo pelo qual a sociedade capitalista irá evoluir, a fim de poder pensar sobre o modo pelo qual sua ascensão se articulará ao processo global de evolução social. Nesse terreno, constata-se uma diferença ideológica importante entre a classe média tradicional e a nova classe média. Os segmentos tradicionais da classe média são não desenvolvimentistas, quando não diretamente antidesenvolvimentistas. O seu discurso educacional, na Primeira República, defende abstratamente o "progresso" ou a "evolução", mas essas expressões não ganham, aí, um conteúdo sócio-histórico específico. Essa indeterminação sócio-histórica do discurso reflete uma aceitação tácita, por parte da intelectualidade orgânica desse grupo social, do modelo de desenvolvimento econômico imposto pelo capital comercial-exportador ao conjunto da sociedade: a preservação da predominância da economia agroexportadora sobre a indústria, supostamente necessária devido à operação da lei das "vantagens comparativas" (certos países teriam "nascido" para um tipo determinado de atividade; outros países teriam "nascido" para um tipo diferente de atividade). Traduzindo de maneira mais simples esse aspecto da tendência ideológica prática da classe média tradicional: a "opinião pública" urbana não aceitava que um país como o Brasil pudesse se dedicar, **prioritariamente**, a uma outra atividade que não a produção de café, de açúcar ou de cacau. Como explicar que um grupo social, participante ativo da Revolução política burguesa no Brasil, pudesse se manter algumas décadas depois, apegada a uma visão estática da realidade? Há uma dupla resposta para essa questão: a) o contexto sócio-histórico favorável (a relativa estabilidade do mercado mundial do café) parecia indicar que o modelo econômico em vigor se sustentaria por um período longo, abafando desse modo a emergência de propostas de reorientação do modelo econômico brasileiro; b) a classe média tradicional mantinha vínculos sociais e familiares com os grupos sociais dominantes, o que dificultava a ruptura com o universo ideológico "oligárquico". A crise econômica mundial de 1929-1930 contribuiu para que uma parcela da opinião pública urbana superasse essa visão fatalista do funcionamento das economias nacionais. O início, na década de 1920, de uma superprodução crônica de café no Brasil tornava visível a necessidade social de uma reflexão sobre alternativas ao modelo econômico vigente. Mas dificilmente um grupo, cujo destino social não fosse influenciado positivamente pela eclosão de um processo de mudança econômica, dentro dos limites do sistema capitalista, teria condições de passar por uma reviravolta rápida no campo ideológico. A nova classe média já estava preparada, por suas condições de trabalho e de vida, para se converter no agente de uma pressão social difusa a favor do desenvolvimento do capitalismo, que lhe traria melhorias no plano do trabalho e do consumo. Mas o discurso dos representantes ideológicos da nova classe média em prol do desenvolvimento do capitalismo vai assumir a forma indireta (ou enviesada) de uma apologia do desenvolvimento tecnológico, abstratamente considerado: ao invés de se falar das vantagens do capitalismo, fala-se dos milagres da tecnologia.

O discurso teórico dos novos intelectuais da educação terá, portanto, de traduzir dois componentes da ideologia prática da nova classe média: a) a necessidade de uma "democratização relativa" das instituições sociais, que converta o jogo de cartas marcadas, que é a coexistência dos grupos sociais dominantes, da classe média e dos trabalhadores manuais, num simulacro de competição social autêntica, promotora da valorização social dos "vencedores"; b) a defesa aberta da tecnologia, através de um discurso justificador de processos de diferenciação social resultantes, não do fenômeno tecnológico, e sim da vigência de relações socioeconômicas capitalistas.

A busca de uma "democratização relativa" das instituições sociais se manifesta especialmente por meio da defesa do ideal da Escola Única, presente no discurso de praticamente todos os escolanovistas brasileiros, e inscrito como ponto programático no Manifesto dos Pioneiros da Escola Nova (1932). Esse ideal se transforma, praticamente, em proposta de universalização do ensino elementar. A Escola Única, tal qual é concebida pelos escolanovistas brasileiros, tem obviamente parentesco doutrinário com o ideal francês radical de Escola Única. Mas há uma diferença entre as duas concepções; e essa diferença, embora possa parecer pequena no plano doutrinário, produz no plano escolar práticas dissimilares. Para os radicais franceses, a Escola Única não significa apenas a entrada de todos na escola primária, e a ministração do mesmo ensino de boa qualidade a todos os alunos. Ela implica propiciar formação intelectual completa a todos os alunos – burgueses, pequeno-burgueses ou proletários –, a fim de que eles se convertam, no fim do percurso, em

cidadãos da República, subjetiva e objetivamente preparados para defender a Nação não apenas nas tribunas, mas também nos **campos de batalha**. A formação intelectual necessária para que todos os alunos adquiram o atributo de cidadãos exige o acesso de todos ao ensino secundário. Daí o caráter intenso das lutas entre republicanos e conservadores, em torno da gratuidade do ensino secundário: esses combates se estenderam por cinco décadas, e estiveram ligados à ação propagandística pela conversão da massa dos alunos em "soldados-cidadãos". O ensino profissional de nível médio, quando criado, foi encarado como uma alternativa prática para os alunos pobres, na fase em que inexistia o ensino secundário gratuito; não foi, porém, definido como outra via de acesso para a conquista da cidadania. A Escola Única francesa deveria, portanto, criar, ao mesmo tempo, o intelectual, o cidadão e o patriota. Não foi esta a concepção de Escola Única defendida pelos escolanovistas brasileiros. O nacional-patriotismo (típico de uma grande potência como a França) não foi proposto como um ingrediente fundamental da Escola Pública brasileira; isso explica o caráter pouco combativo e mobilizador da vida escolar pública no Brasil pós-1930, a despeito dos esforços patrióticos empreendidos pelo Estado Novo (1937-1945). Anísio Teixeira revela-se um crítico da concepção francesa radical de Escola Única, e louva as virtudes da visão norte-americana. Para Anísio, a escola primária, estando aberta a todos, deve reduzir a quantidade de ensinamentos, a fim de que os alunos mais pobres, destituídos de formação cultural e de recursos econômicos, não sejam levados, em massa, ao fracasso escolar. Anísio vê a escola primária norte-americana como altamente democrática, na medida em que ensina **pouco** e, por essa mesma razão, produz **pouco** fracasso escolar. Inversamente, Anísio critica a escola primária francesa, por seu empenho em transmitir uma elevada quantidade de conhecimentos desde o início do curso, o que tende a produzir retardo escolar em massa. Os intelectuais franceses apostavam na transmissão de um máximo de conhecimentos, desde o início da escolarização, a fim de viabilizar a "democratização das oportunidades". Para Anísio, cabe aos intelectuais brasileiros da educação seguir o modelo norte-americano; e deve-se considerar o acesso de todos à escola, em si mesmo, como um importante indicador democrático. Podemos perceber, aqui, a diferença entre o democratismo da concepção radical francesa e o democratismo liberal norte-americano. A visão escolanovista da escola primária é, portanto, "modesta": caso as massas adentrem o seu recinto, elas poderão ser minimamente preparadas para servir, mais adiante, as elites, estas oriundas de meios sociais dotados de alta cultura. A modéstia pedagógica escolanovista, que poderia parecer "realista" e "razoável" aos leitores mais afoitos, não logra esconder dos analistas mais precavidos o caráter elitista dessa concepção.

Neste ponto da exposição sobre a concepção escolanovista da Escola Única, cumpre esclarecer que a liberalidade com relação ao *quantum* de conhecimentos ministrados na escola elementar não decorre apenas da natureza do democratismo (liberal) escolanovista. Ela decorre, também, do "realismo" capitalista que lhe é peculiar: se as possibilidades de ascensão social pela educação são limitadas para os trabalhadores manuais, cujos filhos tendem a se integrar precocemente ao mercado de trabalho, é irracional ministrar-lhes uma dose excessiva de conhecimentos, que não terão utilidade em sua vida profissional. Pode-se deduzir que os escolanovistas consideram mais racional encaminhar os filhos de operários para o ensino técnico-profissional, evitando-lhes o dissabor do fracasso no ensino secundário. Essa previsão antecipada do fracasso escolar dos alunos proletários não sugere aos escolanovistas a deflagração da luta por mudanças radicais na política educacional e na organização escolar, já que eles consideram como dados imutáveis a natureza capitalista do Estado brasileiro e o caráter elitista (ainda que um elitismo populista) de sua política educacional. O "realismo capitalista" dos escolanovistas os leva, portanto, a defender uma diferenciação precoce entre formação intelectual (secundário acadêmico) e formação para o trabalho (ensino técnico-profissional de nível médio), já que na sociedade capitalista, onde vivemos, é impossível que todos se dediquem ao trabalho intelectual. Citemos, ainda uma vez, a frase em que Anísio manifesta o seu incômodo com o "problema" que o capitalismo apresenta aos escolanovistas: "Onde iremos buscar recursos para pagar a todos que, 'educados', apenas se poderão dedicar aos poucos 'serviços' intermediários da civilização?" (TEIXEIRA, 1957: 43).

A existência, no capitalismo, de poucos empregos intelectuais e de muitos empregos manuais obriga, portanto, o ensino secundário a se diferenciar, apresentando duas vertentes: o ensino acadêmico (para a minoria) e o ensino técnico (para a maioria). Mas quem deve ocupar, na opinião dos escolanovistas, as vagas de um e de outro tipo de ensino? Não existe, entre os escolanovistas, uma resposta única para essa questão. Para Fernando de Azevedo, a necessidade objetiva de especialização se harmoniza com as diferenças entre aptidões individuais (ou "dons"), de tal modo que se poderá chegar, na sociedade atual, a uma hierarquia social democrática, se cada lugar da vida profissional for preenchido pela pessoa dotada dos atributos por ele exigidos. Para Azevedo, a alocação diferenciada dos indivíduos conforme os seus dons permitirá que se concretize o objetivo máximo do processo educacional: a formação de "elites", obviamente distintas das "massas". Mas é visível a influência que, nos anos 1930, os estudos de genética exercem sobre a reflexão educacional. Em 1929, o escolanovista Lourenço Filho defende a aplicação da genética nos estudos educacionais. Para Lourenço, a reflexão pedagógica será favorecida se levar em conta o que há de positivo na genética. Essa ciência desempenha um papel positivo na medida em que demonstra o limite da influência do meio, e a fatalidade da transmissão hereditária de sua continuidade biológica *stricto sensu*. Lourenço envia, de resto, um "alerta" aos intelectuais democratas: "[...] não aceitamos mais as conclusões ingênuas de Locke e Helvécio, para quem os homens nasciam iguais, só a educação os diferenciava" (LOURENÇO FILHO, 1929: 6). Para esclarecer o caminho encetado por seu pensamento educacional, Lourenço pondera que o caminho mais rápido para o aperfeiçoamento intelectual é a adoção da **eugenia**.

A necessidade de se promover a diferenciação antecipada do secundário acadêmico e do secundário técnico é postulada pela maioria dos escolanovistas, venha essa posição acompanhada (ou não) de teses como a da existência de aptidões naturais individuais, da influência determinante da genética no comportamento do indivíduo, ou simplesmente do "realismo" capitalista. Esse tipo de posição não se encontra entre os criadores da Escola Pública francesa. A esse respeito, basta consultar os escritos do filósofo radical Alain sobre a educação: para Alain, os docentes da Escola Pública devem sempre visar, em seu trabalho pedagógico, os alunos mais fracos, geralmente oriundos do proletariado, procurando compensar o seu déficit cultural e investindo pesadamente em sua formação como cidadãos da República. O antirrealismo de Alain exprime a média do pensamento radical sobre a educação e a Escola Pública. Pode-se notar, portanto, que há diferentes modos de a classe média viver a sua inserção na sociedade capitalista, embora sempre exista algo de comum entre esses modelos: a sua disposição ideológica comum à valorização do trabalhador não manual na hierarquia capitalista do trabalho.

Faz parte do "realismo capitalista" da Escola Nova brasileira o discurso sobre a importância da tecnologia no mundo moderno. Esse discurso se configura como uma forma enviesada de defender o capitalismo, que é o personagem ausente das digressões escolanovistas sobre a racionalização do trabalho na sociedade atual. O caráter "pragmático" do escolanovismo transforma essa corrente num importante agente de difusão do ensino técnico e profissional no Brasil; e leva os escolanovistas a defender a diferenciação precoce das trajetórias educacionais (ensino acadêmico x ensino técnico) e a subtração de grande parte das crianças ao processo de formação intelectual completa, em tese propiciado pelo ensino secundário. Mas, ao abordar a questão da formação para o trabalho, os escolanovistas acabam avaliando positivamente a "racionalização" do trabalho, por eles identificada com o **taylorismo**. A adesão escolanovista ao taylorismo (forma mais aguda da submissão do trabalhador ao poder do capital dentro da fábrica) aponta, indiretamente, para a aceitação do sistema econômico capitalista. Na verdade, a defesa da "democratização relativa" das instituições sociais (que se acomoda à reprodução das diferenciações sociais), o "realismo" capitalista (que leva a prognosticar o ensino profissional para filhos de proletários e o ensino acadêmico para as crianças da classe média) e a apologia da racionalização do trabalho são três aspectos da postura moderadamente conservadora assumida pelos intelectuais da educação influenciados pela discussão liberal sobre processos pedagógicos. Mas o aspecto mais surpreendente da assimilação escolanovista da problemática da racionalização do trabalho é o seu propósito de aplicá-la à esfera pedagógica. Já em 1925, Lourenço Filho, apoiando-se em Édouard Claparède, afirma que o princípio da racionalização do trabalho em pedagogia é "Taylor corrigido pela psicologia". Para quem possa pensar, por inadvertência, que, com essa frase lapidar, Lourenço está fazendo uma crítica à pedagogia, convém esclarecer que ele está fazendo justamente o contrário; vale dizer, um elogio ao taylorismo. O propósito proclamado por Lourenço é combinar, dentro do espaço escolar, a racionalização do trabalho industrial e a adoção de novos métodos pedagógicos. Mas esses métodos seguramente não têm um caráter democrático: para que a escola funcione eficazmente, é preciso diferenciar e hierarquizar os alunos, conforme as suas aptidões individuais. O objetivo principal do "taylorismo na escola" não é cultural ou científico, e sim tecno-econômico: obter um maior rendimento dos alunos nas classes. Esse novo sistema pedagógico se constrói em analogia com o taylorismo operante na indústria moderna: como o taylorismo industrial, o taylorismo pedagógico visa a aumentar a rapidez do trabalho e reduzir as "perdas". Assim como, na fábrica, o engenheiro de produção classifica cada operário individual num tipo psicológico de trabalhador, na escola o psicólogo deverá classificar o aluno num tipo psicológico de criança, o que viabilizará uma diferenciação e uma especialização do trabalho escolar.

Em meados da década de 1920, a Associação Brasileira de Educação (ABE), recém-fundada, também propunha a racionalização do trabalho escolar segundo o modelo da fábrica; a orientação profissional; a tecnificação do ensino; a introdução da rapidez e da precisão nos processos pedagógicos; e a maximização dos resultados escolares. Funcionando segundo esse modelo, a escola contribuiria para a hierarquização dos papéis sociais, bem como para a formação de elites dirigentes (CARVALHO, 1989: 59-60).

O discurso escolanovista sobre a importância da tecnologia no mundo moderno parece ter uma natureza mais ideológica que científica. Ele se configura como uma elaboração típica da categoria dos intelectuais, que parecem transpor para o plano do discurso teórico a aspiração difusa da nova classe média à "modernização" da sociedade brasileira (um novo Estado, um novo padrão de vida e de consumo etc.). Por sua natureza ideológica, esse discurso não se concentra em questões de fato científicas como a da conexão concreta entre tecnologia e capitalismo, a da possibilidade de uma reelaboração socialista dos procedimentos técnicos legados pelo capitalismo etc. A característica ideológica do discurso escolanovista também se evidencia quando esses autores passam às propostas de educação técnica e profissional. Não há, em sua reflexão, um aprofundamento da análise sobre a articulação possível entre a continuação da formação integral e a inserção progressiva do aluno de cursos técnicos no mundo da tecnologia. Fica-se, portanto, com a impressão de que, para os escolanovistas, a abordagem da **politecnia** é um monopólio intelectual dos países socialistas, quando na verdade o cotejo entre a politecnia praticada em **certos** países socialistas do período (como a República Democrática Alemã, no pós-guerra) e o ensino técnico praticado nos países capitalistas seria essencial, até mesmo para a fixação dos limites (econômicos e políticos) dentro dos quais alguma alternativa reformista para o tecnicismo e o pragmatismo, vigentes na educação técnica capitalista, poderia ser pensada (SNYDERS, s/d: 161-165).

Até aqui, não registramos nenhuma incongruência no discurso escolanovista sobre a educação profissional. A sua abordagem desse tema é socialmente eficaz, pois corresponde à ideologia do grupo social que essa corrente representa: a nova classe média. As generalidades escolanovistas sobre o encaminhamento antecipado dos alunos proletários para um ensino basicamente profissional estão em sintonia com o desejo da classe média de sufocar a competição educacional com o proletariado, sem contudo expulsá-lo do terreno educacional. A incongruência aparece quando os escolanovistas se manifestam sobre a conveniência de introduzir a organização taylorista dentro de um tipo de escola que eles imaginam inspirada nos princípios da pedagogia **ativa**. Como conciliar o caráter autocrático, despótico e disciplinador da organização taylorista do processo de trabalho com o princípio escolanovista segundo o qual a criança é o centro de todo o processo educacional transcorrido na escola? A caracterização dessa incongruência exige que abordemos a doutrina pedagógica do escolanovismo brasileiro.

Anísio Teixeira resume do seguinte modo a sua visão de uma pedagogia ativa: "Toda a educação moderna adota a teoria da experiência como base de sua filosofia" (TEIXEIRA, 1967: 13). Para os partidários dessa concepção, segundo Anísio, o que deve vigorar na organização escolar é a autoeducação: só a própria pessoa pode se educar. O aluno é colocado, assim, no centro do processo educacional: é a sua **curiosidade**, ou os seus **interesses**, que desaguam na descoberta de **problemas**, o elemento motor das atividades escolares. A organização curricular e disciplinar não deixa de existir; mas ela deve se adaptar à dinâmica instaurada na sala de aula pela livre manifestação intelectual dos alunos: livre expressão de curiosidade ou de interesses, livre formulação de problemas. As atividades escolares deveriam, portanto, basear-se no levantamento dos problemas que a experiência (de "vida", para alguns escolanovistas; na sala de aula, para outros) proporciona aos alunos; e a abordagem desses problemas na sala de aula permitiria ao professor ir introduzindo na atividade didática, de forma natural, os problemas **teóricos** conectados aos problemas nascidos da prática dos alunos. Se esse parece ser o caminho sugerido por Dewey, o seu discípulo Kilpatrick se tornou o pioneiro da difusão do ensino através de **projetos**, o que também remete, em última instância, à descoberta dos interesses que movem os alunos. No modelo pedagógico escolanovista, o currículo ou o programa fixos e a lista fechada de disciplinas, série a série, não têm um lugar importante. Para os escolanovistas, cabe ao sistema educacional organizar **programas mínimos**. Já o diretor da escola deverá organizar o programa especial de cada classe. E aos professores se atribui a atividade principal: induzir os alunos a descobrir e formular os seus problemas, e fornecer a eles os meios intelectuais para a sua resolução. Como esse liberalismo pedagógico se concilia com o "realismo" capitalista professado pelos escolanovistas do Brasil? Nesse terreno, Anísio defende que a liberdade de pensamento é essencial à escola moderna; a sua vigência, porém, não impede que as escolhas individuais dos educandos, na defesa de seus interesses e na procura de seus problemas, se orientem naturalmente na direção das instituições e dos costumes vigentes. Anísio está avaliando positivamente essa tendência, por estar visivelmente alinhado com "as instituições e os costumes vigentes". Já o marxista francês Georges Snyders, ao analisar panoramicamente as pedagogias não diretivas da sociedade capitalista atual, sugere que, muito frequentemente, por trás da "curiosidade", do "interesse" ou dos "problemas" revelados pelos alunos populares, estão as fórmulas da ideologia dominante, difundida pelo Estado, pela Igreja, pela imprensa ou pelo empresariado (SNYDERS, 2001: 309-365). Seria desarrazoado procurar nos textos de Anísio e outros escolanovistas uma análise sociológica profunda dessas "instituições" e desses "costumes", que parecem chegar naturalmente, por sua "legitimidade", à mente dos alunos. Assim, pode-se dizer que, para os escolanovistas, não há oposição entre a liberdade de pensamento na sala de aula e a vigência, na sociedade, de instituições e costumes que são funcionais para a reprodução do capitalismo. O relativo democratismo dos escolanovistas se concilia, dessa maneira, com o seu "realismo" capitalista; e ambos se coadunam com o elitismo populista peculiar à nova classe média.

Neste ponto do texto, temos de voltar a uma questão que já parecia vencida, pois não a havíamos tratado de modo direto e sistemático: o "taylorismo educacional", proposto por alguns escolanovistas (como Lourenço Filho, correntes da ABE etc.), harmoniza-se com a concepção pedagógica que apresentamos de modo resumido anteriormente? O taylorismo na produção implica uma distribuição dos trabalhadores pelos lugares do processo de trabalho conforme as suas aptidões naturais e os seus dons. O avaliador desses dons é um autocrata a quem se atribui a função de "engenheiro de produção". O taylorismo na educação deveria sufocar o levantamento de interesses e problemas dos alunos, e implicaria organizar as atividades escolares em função do mapeamento das aptidões naturais dos alunos. A classificação "mental" das crianças seria, portanto, o fundamento básico para a sua distribuição por classes; só assim seria preenchido o requisito taylorista da "produtividade" na atividade desenvolvida. Ora, o taylorismo educacional se choca frontalmente com a pedagogia escolanovista, que se baseia no princípio segundo o qual é a criança, na sua organização psicológica (e não no seu QI), o eixo central do processo educacional. Pode-se dizer que os escolanovistas que se encaminharam para a defesa do taylorismo educacional passaram a destoar da média do pensamento escolanovista e a granjear apoio em meios empresariais mais à direita. Já a admiração do taylorismo de fábrica pôde ser mantida pelos escolanovistas, sem que isso trouxesse dificuldades ao desempenho do papel de intelectuais orgânicos da classe média, já que o despotismo de fábrica parecia não dizer respeito a este grupo, e, por sua falsa racionalidade, parecia não desmentir a valorização do talento e da competência, presente na ideologia de classe média.

O comentário sociológico sobre as linhas gerais da pedagogia escolanovista se encerra com a abordagem daquilo que muitos pesquisadores da educação denominam "o paradoxo" do escolanovismo no Brasil. O pressuposto do escolanovismo norte-americano é o de que as numerosas escolas protestantes, privadas ou comunitárias poderão pôr em prática uma pedagogia que solicita, para dirigentes e docentes, uma considerável liberdade organizacional e intelectual, a fim de que esses agentes educacionais logrem colocar a criança, e não o currículo, no centro do processo educacional. A pedagogia escolanovista norte-americana foi pensada para a escola privada, protestante ou comunitária. Ela não se adaptaria à Escola Pública capitalista (por seu caráter burocratizado), ao ensino de massa (já que este dificulta a individualização do aprendizado) ou ao confessionalismo católico (para o qual a educação é a **domesticação** do indivíduo, com vistas a convertê-lo em ser humano e em homem cristão). Entende-se, portanto, que a pedagogia escolanovista dificilmente se implantaria em países capitalistas onde o terreno escolar estivesse dominado pela Escola Pública e pela escola confessional católica. Ora, era essa a situação educacional da França na Terceira

República. Por isso a pedagogia escolanovista não logrou tomar conta do discurso educacional francês nesse período. Os esforços pedagógicos dos dirigentes radicais filiados ao protestantismo, como Ferdinand Buisson e outros, encaminharam-se para a difusão do método **intuitivo** e da prática das **lições de coisas** na sala de aula (Buisson, aliás, traduziu para o francês o livro de Calkins sobre as "Lições de Coisas"). Mas essa pedagogia "modernizadora" e antitradicionalista (defendida, no Brasil imperial, por Ruy Barbosa) antecedeu a emergência do escolanovismo, e foi vista por muitos escolanovistas como uma "velharia" a ser superada, a bem da construção de uma escola verdadeiramente democrática. A construção da Escola Pública na França não se fez acompanhar de uma "revolução pedagógica"; o ensino tendeu a se manter dentro do padrão tradicional, com valorização das aulas de latim, da prática da cópia e da memorização, das exposições magistrais etc. (essa era ainda a situação dominante, algumas décadas após o fim da Terceira República).

Voltemos ao escolanovismo brasileiro. Como procederiam os propagadores nacionais do escolanovismo, atuando num quadro educacional atravessado pela oposição entre a Escola Pública e a escola confessional católica? De um ponto de vista lógico (mas não ideológico), seria natural que esses teóricos endereçassem o seu discurso ao setor educacional privado, procurando convencer as escolas particulares, laicas ou protestantes, a adotar a pedagogia derivada do pragmatismo filosófico, e a abandonar os métodos "modernizadores" pré-escolanovistas. Mas isso não ocorreu. Os escolanovistas tenderam, a partir dos anos 1930, a se inserir no aparelho de Estado (central ou regional), a fim de influenciar a formulação das políticas públicas de educação e, mais que tudo, a configuração da Escola Pública. Eis aí o "paradoxo" detectado pelos estudiosos de histórica da educação: os escolanovistas se converteram em burocratas estatais, assumindo secretarias da Educação no Distrito Federal (Anísio Teixeira), em Pernambuco (Aníbal Bruno), no Ceará (Moreira de Souza), e em São Paulo (Lourenço Filho, Fernando de Azevedo e Almeida Jr). Ora, como gestores de políticas públicas, esses intelectuais não lograram a reestruturação da organização escolar: substituição de um currículo fixo e rígido por um currículo adaptável ao tratamento, em sala de aula, dos problemas levantados pelos alunos, fim da seriação das disciplinas, reformulação do papel do professor na sala de aula, etc. O seu trabalho foi o de introduzir, no velho currículo, **novas** (leia-se também: **mais**) disciplinas: educação física, canto orfeônico, artes plásticas, trabalhos manuais etc. A prática governamental dos **funcionários** escolanovistas não estava, portanto, em consonância com a sua teoria pedagógica: tal prática não alterava a dura realidade de um currículo fixo, imposto pela burocracia educacional e conectado a procedimentos escolares altamente burocráticos.

Não se pode, entretanto, dizer que exista uma contradição entre a teoria e a prática no escolanovismo brasileiro; ou melhor, uma oposição entre o discurso pedagógico e a política educacional implementada pelos escolanovistas. Na verdade, esse discurso pedagógico, com a sua sobrecarga filosófica (reiterações entediantes das ideias de Dewey) e o seu irrealismo (já que o alvo final e real da reflexão é a prática pedagógica na Escola Pública brasileira) preenche uma função social específica. Ou seja: tal discurso serve como cobertura ideológica para o democratismo relativo (que se pode, com alguma simplificação, chamar de "elitismo populista") e o "realismo" capitalista (diferenciação precoce dos alunos a serem encaminhados para o ensino acadêmico e o ensino técnico, em detrimento de uma formação intelectual completa para **todos**, futuros profissionais liberais ou futuros proletários), que orientam a **prática** dos escolanovistas. Essas duas tendências ideológicas estão em perfeita sintonia com o ímpeto de "modernização" (capitalista) que move a nova classe média desde os anos 1920, e sobretudo a partir da Revolução de 1930. O hiperpedagogismo da Escola Nova brasileira é, portanto, a **ideologia teórica** que oculta, de seus teóricos mas também do público-alvo, as **disposições ideológicas práticas** (um progressismo moderado, elitista e antipopular) que se aninham nos círculos dirigentes do Estado nacional-populista e na "massa" que compõe a classe média típica desse período.

Terceiro capítulo – Uma comparação dos papéis da classe média francesa e da classe média brasileira na implantação do sistema de educação pública

Neste capítulo, queremos tão somente apresentar de modo sistemático a unidade e a diferença entre as duas classes médias – a francesa e a brasileira – no processo de implantação do sistema de educação pública peculiar a certos países capitalistas. Não apresentaremos aqui nada de novo; apenas cotejaremos de modo mais direto o modo de participação de cada uma das classes médias no processo histórico de formação do sistema de educação pública.

Comparando a configuração das duas classes médias na fase específica de transição das respectivas sociedades para o capitalismo, constatamos que não há grande diferença entre elas, do ponto de vista de sua composição ocupacional. Ou seja: as categorias profissionais que integram uma e outra são, praticamente, as mesmas: profissionais liberais, funcionários públicos, empregados do setor terciário. Não há diferença morfológica (natureza do trabalho desempenhado) entre as categorias profissionais de uma classe média e de outra; mas a situação de trabalho (relação com os superiores, com o mercado etc.) de uma e de outra tende a ser diferente. Essa diferença tende a influenciar os alvos da ação coletiva implementada pelas duas classes médias, como veremos a seguir.

Ambas as classes médias se constituem ideologicamente no processo de transição para o capitalismo. Mas não se trata, nos dois casos, do **mesmo** processo de transição. Na França, a classe média se constitui ideologicamente no processo de transição do feudalismo para o capitalismo; no Brasil, a classe média se constitui ideologicamente no curso do processo de transição do escravismo mercantil para o capitalismo. A diferente natureza dos dois processos de transição gera diferenças ideológico-políticas entre as duas classes médias, ao mesmo tempo que a situação social comum (ambas constituem o principal grupo intermediário da sociedade capitalista) lhes garante uma postura ideológica comum: a defesa da superioridade dos trabalhadores não manuais sobre os trabalhadores manuais. As diferenças ideológico-políticas entre as duas classes médias derivam do fato de que cada uma terá de enfrentar adversários sociais (Estado, grupos sociais, instituições sociais) peculiares ao modo de produção em vias de superação. Na França medieval, instaurou-se uma sociedade feudal das mais sólidas e poderosas da Europa. Quando sobreveio a Revolução política burguesa (1789-1795), ela não logrou liquidar inteiramente os grupos sociais dominantes e as instituições sociais oriundos do feudalismo. Após o

Império napoleônico, ocorre a Restauração da antiga dinastia em 1814; e, com ela, a restauração de prerrogativas e posições anteriormente detidas pela aristocracia e pela Igreja. No terreno econômico, processa-se a "recomposição feudal" de parte da agricultura, com a reconstituição de muitas grandes propriedades por obra do retorno da aristocracia exilada.

Na segunda metade do século XIX, a classe média vive o seu processo de expansão no quadro político-institucional de uma nova ditadura imperial (1852-1870), confrontando-se com a aristocracia e a Igreja, fortalecidas pela estratégia de "equilíbrio político" entre antigos e novos grupos sociais dominantes, conduzida por Luís Bonaparte. A aristocracia e a Igreja, tendo reafirmado o seu status institucional e o seu prestígio social, constroem barreiras objetivas à valorização socioeconômica da classe média e à sua ascensão nas hierarquias do trabalho e social. A aristocracia e a Igreja só estimam os grupos portadores de um status adscrito; e menosprezam os grupos cujos membros se reivindicam da posse de méritos pessoais. Passando por um processo contínuo de expansão demográfica, e tendo consciência de sua importância crescente nas atividades terciárias urbanas, a classe média vai se lançar na luta ideológica contra os defensores dos princípios aristocráticos; luta essa que a burguesia francesa se mostra incapaz de encabeçar. A luta ideológica da classe média vai assumir, no plano político-institucional, a forma da luta pela "República" (encarado o fim da monarquia, não propriamente como a substituição de um regime político, possível na sociedade capitalista, por outro, igualmente viável, e sim como a extinção de um sistema globalmente aristocrático);

e, paralelamente, a forma da luta pela criação da Escola Pública, espaço institucional do mérito e do talento, e não do status adscrito e dos privilégios sociais. A classe média francesa tem, portanto, de se munir de uma ideologia **socialmente** democrática; vale dizer, uma ideologia de caráter antiaristocrático.

Mas o espaço social em que se insere a classe média não é ocupado apenas pela aristocracia (e sua aliada, a Igreja). O desenvolvimento manufatureiro e, a seguir, industrial, no decorrer do século XIX, promoveu a expansão demográfica dos trabalhadores manuais urbanos; isto é, o proletariado. A classe média nascente, portanto, além de deparar com inimigos sociais situados "acima", vai coexistir com adversários sociais situados "abaixo". Ela não terá, para com o proletariado, a mesma atitude que assume diante da aristocracia e da Igreja. Ou seja: a classe média republicana vê o proletariado como adversário, e não como inimigo. Com adversários, é possível celebrar alianças táticas, a fim de enfrentar o verdadeiro inimigo: as forças políticas reacionárias, saudosistas do feudalismo (a aristocracia e a Igreja). O radicalismo mais progressista criou um *slogan* sintomático: "não temos adversários à esquerda". Seria mais correto que tivessem dito: "não temos inimigos à esquerda". De todo modo, estabeleceu-se predominantemente um debate franco e produtivo entre radicais e socialistas. Os radicais sempre se opuseram à propriedade coletiva dos meios de produção (e, portanto, também ao programa socialista), defendendo a difusão da propriedade privada individual na sociedade capitalista, até que todo proletário se alçasse à condição de proprietário individual. Essa democratização absoluta do acesso à propriedade representava, para os radicais, o ponto-limite do processo de democratização da sociedade no mundo contemporâneo; a propriedade coletiva seria uma utopia, alimentada pelos socialistas, mas irrealizável, já que a condição de proprietário individual seria uma dimensão fundamental da essência humana e a expressão mais concreta da liberdade do indivíduo. É visível, portanto, o parentesco do radicalismo francês de fins do século XIX/início do século XX com o **jacobinismo** da época da Revolução Francesa (os jacobinos de 1793-1794 aspiravam a uma sociedade de pequenos proprietários). Poderia haver, portanto, aliança tática, porém não identidade entre a classe média republicana e o proletariado socialista. Nessas condições, que doutrina social conviria à classe média republicana? O radicalismo/republicanismo francês precisava de uma doutrina social que levasse em conta a presença social do proletariado e reconhecesse a legitimidade dessa presença, evitando três posturas incorretas: a) a repressiva (típica da aristocracia militar, à moda do general Cavaignac); b) a filantrópica (típica do empresariado burguês); c) a caritativa (típica da Igreja). A doutrina social que convinha à classe média republicana teria de ser "realista", reconhecendo o lugar central do proletariado na sociedade industrial moderna; e deveria ser progressista, defendendo a "integração" real (e não a marginalização) do proletariado nessa sociedade. Foi o positivismo comtiano que forneceu à classe média republicana essa doutrina: a "teoria da solidariedade social", segundo a qual havia um fundamento histórico preciso para a proposição, no presente, de ações destinadas à "integração" do **proletariado** (e não dos "cidadãos", ou dos "indivíduos", à moda do liberalismo anglo-saxão). O positivismo forneceu à classe média nascente um duplo suporte doutrinário: a) uma filosofia social antiaristocrática (isto é, democrática); b) uma "teoria da solidariedade social", capaz de dar sustentação a uma postura intelectual de reconhecimento da histórica dívida, material e cultural, da "sociedade" para com o proletariado. A sensibilidade social de Comte o levou a perceber que o proletariado francês da sociedade industrial era herdeiro de uma tradição de "insurrecionalismo" típica do campesinato de uma sociedade feudal poderosa (essa tradição se manifestou por meio dos ciclos de *jacqueries*, que se fizeram presentes desde o século XIV até o levante camponês na Revolução Francesa). A força do feudalismo francês tornou igualmente forte o insurrecionalismo camponês; e este contribuiu para a emergência de um insurrecionalismo proletário no século XIX: 1830, 1833, 1834, 1848 e 1871. Diante de uma forte tendência insurrecionalista proletária, era socialmente inútil que a classe média ou a burguesia procurassem difundir uma doutrina dos direitos do "indivíduo", pois essa entidade abstrata já se mostrava superada pelos acontecimentos sociais. Na verdade, a teoria comtiana da "solidariedade social" se mostrou perfeitamente adequada ao estado de uma opinião pública de classe média, traumatizada pelas barricadas de 1848 e 1871, mas à procura de uma alternativa ideológica consistente para a estratégia de repressão pura e simples.

Inspirada pela teoria positivista da solidariedade social, a classe média republicana/radical criará uma Escola Pública aberta a todos, onde haja lugar para o proletariado (e não apenas para os "indivíduos", definidos abstratamente). Para o filósofo radical Alain, o objetivo da

Escola Pública deve ser a integração do proletariado à sociedade atual, e não a preparação dos indivíduos mais capazes para o sucesso na vida profissional e social. Isso não vai ocorrer; mas a Escola Pública assume uma forma institucional que lhe dá a aparência de uma entidade voltada para a criação de oportunidades para todos, especialmente para os alunos mais pobres. Por esse caminho, a Escola Pública atende aos requisitos fixados pela ideologia prática da classe média: a escola deve "aproveitar" escolarmente o capital cultural dos alunos da classe média, dando ao conjunto da sociedade a impressão de que as oportunidades são iguais para todos.

No Brasil, a classe média se constitui ideologicamente no período final de vigência do escravismo mercantil. Para conquistar sua autonomia social (o que não significa autonomia política, e sim conquista de autonomia profissional e, consequentemente, de um lugar específico dentro da hierarquia social), os trabalhadores intelectuais do fim do Império devem agir para romper a "relação de favor" que mantêm com os grupos sociais dominantes, o que vai implicar a emergência de tensões familiares e sociais. A classe média se empenha em conquistar certa liberdade profissional e um maior grau de autonomia social (embora a configuração restrita e elitista do mercado urbano de serviços não manuais imponha limites a essa luta). Mas essa ação não se direciona para a remoção de privilégios hereditários, já que uma aristocracia hereditária inexistiu no Brasil. O título honorífico concedido, por serviços prestados, pelo Estado escravagista imperial não redundava em privilégios e poderes tão fortes quanto aqueles detidos por famílias enobrecidas, há mais de mil anos, por dinastias como a Carolíngia ou a dos Capetos. Isso significa que, mais do que lutar contra a "aristocracia" escravagista (a rigor, inexistente), a classe média emergente deverá lutar contra o Estado imperial, que mantém não só a **sociedade de ordens** (homens livres x escravos), em cujo âmbito a classe média figura como segmento dominante, mas também a **sociedade estamental** (hierarquia de status), onde o reconhecimento do "sangue bom" ou da condição de "homem bom" tende a beneficiar predominantemente indivíduos que detenham a condição de **proprietários**. Por isso, a luta da classe média a favor da abolição lhe parece ser um episódio fundamental da extinção do Estado que distribui privilégios (consultem-se, a esse respeito, os textos e discursos de Silva Jardim, escritos na época da propaganda republicana). A classe média quer a destruição de um Estado que instaura privilégios, consolida a desigualdade social e sufoca o **indivíduo**. A doutrina social da classe média revolucionária tende, portanto, a ser buscada numa filosofia social individualista, como as filosofias sociais evolucionistas (darwinismo, evolucionismo). Embora o cientificismo positivista tenha atraído a intelectualidade brasileira do período da "ilustração", a sua doutrina social não poderia ser a teoria positivista da "solidariedade social", como na França, dada a diferença de contexto sócio-histórico. Isso explica que muitos jovens intelectuais positivistas tenham se convertido, no Brasil, em homens maduros evolucionistas.

A classe média republicana, no Brasil, encarou a Escola Pública como um instrumento institucional decisivo para a constituição de uma nova elite social, composta por indivíduos talentosos, e não por proprietários de escravos. Essa classe média estava pouco mobilizada pela problemática da ascensão social e cultural das massas; isso explica o caráter elitista do "grupo escolar", primeira tentativa republicana de dar consistência e solidez à organização escolar do ensino primário.

No início do século XX, expande-se a manufatura em alguns estados, e emerge a classe operária, que passa, na década de 1910, ao movimento reivindicatório e grevista, sendo visível a influência, nessa movimentação, de lideranças anarquistas ou anarcossindicalistas. Paralelamente, a imigração resulta na formação de uma nova classe média, sem laços familiares ou sociais com os antigos grupos sociais dominantes. Esse novo segmento não tem como se manter, ideologicamente, apegado ao elitismo republicano típico da classe média tradicional. Ele continuará na luta pela Escola Pública, mas a sua orientação ideológica será diversa. O democratismo relativo de tal segmento levará à defesa da implantação, **em escala nacional**, do ensino público, gratuito e obrigatório no nível primário e, "mais tarde", no nível secundário. O seu "realismo" capitalista o levará a apoiar o projeto governamental "misto" de ensino técnico-profissional; projeto esse que leva à formação de um "compartimento educacional proletário", capaz de afastar o proletariado da competição educacional direta com a classe média e, ao mesmo tempo, simular a existência de uma educação competitiva, onde somente os "melhores" se encaminham para o ensino acadêmico. E o seu instinto básico de classe (valorização socioeconômica do trabalhador não manual) o levará a pressionar por medidas que valorizem os diplomas típicos da classe média, como o diploma do ensino secundário e o diploma universitário.

A implantação do regime ditatorial militar, em 1964, decreta o encerramento do período nacional-populista; com ele, também chega ao fim o ciclo do elitismo populista e do progressismo moderado, cultuados pela nova classe média. A análise das orientações ideológicas e das concepções educacionais da classe média no período pós-1964 merece um novo trabalho.

Considerações finais

Nosso objetivo, ao projetar este texto, não foi reconstruir a história factual do nascimento da Escola Pública, na França e no Brasil. Queríamos escrever um ensaio de interpretação sociológica sobre o papel da classe média nesse processo. Em nossas leituras na área de História da Educação, deparamo-nos frequentemente com a ideia de que a burguesia industrial teria criado, nos países capitalistas emergentes, a Escola Pública, a fim de preparar a futura mão de obra industrial. Essa ideia era uma manifestação tópica de uma tendência mais geral: a de atribuir à iniciativa da burguesia todos os processos sociais que acarretassem, de alguma maneira, um desenvolvimento do capitalismo. Nessa perspectiva, a burguesia teria promovido a inovação tecnológica no processo de produção; teria instaurado o regime democrático; teria criado a Escola Pública etc.

Essa visão geral da história do capitalismo nos faz esquecer que ocorre um encontro, na sociedade capitalista, de vários atores sociais: a burguesia, a aristocracia, a classe média, o campesinato, o proletariado.

Muitas vezes, um fenômeno social relevante na evolução do capitalismo resulta do cruzamento de diversas ações coletivas, não podendo ser atribuído exclusivamente à vontade de um determinado grupo social. É, a nosso ver, o caso da democracia burguesa. Noutras vezes, um único ator social desempenha o papel de força dirigente na construção de uma instituição social que, no futuro próximo, será qualificada como tipicamente capitalista; e esse ator social pode não ser a burguesia, o que provocará surpresa em muitos estudiosos. É, em nossa avaliação, o caso da Escola Pública.

A nossa convicção de que a classe média teria sido a força dirigente do processo de construção da Escola Pública, na França e no Brasil, praticamente nos obrigou a escrever este trabalho. Nossas (modestas) pesquisas teóricas e históricas sobre a classe média começaram nos anos 1970. Desde essa época, tínhamos a impressão de que o tema da classe média era frequentemente subestimado, por sua condição de **grupo intermediário**: isto é, de grupo social incapaz de dirigir o processo geral de conservação do modelo capitalista de sociedade (como a burguesia), e também, inversamente, incapaz de dirigir o processo geral de destruição desse modelo (como o proletariado). A fraqueza da presença da classe média em muitas análises sociológicas era, entretanto, injustificada. Entre a formação do capitalismo e a sua substituição por um novo modelo de sociedade, muitos processos sociais importantes podem ocorrer; processos esses que desempenham uma função na evolução da sociedade capitalista. Ora, a classe média constitui justamente um ator social que pode desempenhar importantes papéis culturais e políticos no funcionamento evolutivo da sociedade capitalista. A nosso ver, isso ocorreu no processo de criação da Escola Pública, na França e no Brasil. Mas não estamos querendo sugerir que essa situação se reproduziu em outros países capitalistas. Em alguns países de tradição protestante, a "Escola Pública" (no sentido em que essa expressão é usada na França e no Brasil) não foi tão relevante quanto nos países católicos (onde a Escola Pública representou o fim do monopólio educacional da Igreja Católica), nem contou com a ação vanguardista da classe média anticlerical. Todos os processos nacionais de construção do sistema de educação pública merecem estudos sociológicos específicos, dada a variedade das situações possíveis no que diz respeito às relações entre grupos sociais regularmente participantes dos processos de transição ao capitalismo.

Esclareço finalmente que utilizei intensamente a bibliografia sociológica disponível, e creio, para meu próprio pesar, não ter citado na proporção devida os autores que me influenciaram. A bibliografia brasileira em Sociologia da Educação é de excelente qualidade, e me forneceu os elementos necessários para a construção de minha própria interpretação. Reconheço, entretanto, que a visão do processo histórico aqui exposta guarda um parentesco inegável com a de vários colegas brasileiras. Espero poder remediar, em edições futuras, os casos mais flagrantes de apropriação indébita de ideias.

Bibliografia citada

ALAIN. *Considerações sobre a educação, seguidas de Pedagogia Infantil*; tradução de Lilian Ledon da Silva. São Paulo: É realizações, 2012.

ALTHUSSER, Louis. *Aparelhos ideológicos de Estado*; tradução de Walter José Evangelista et al. 4ª edição. Rio de Janeiro: Edições Graal, 1989.

BAAL, Gérard. *Histoire du radicalisme*. Paris: La Découverte, 1994.

BAUDELOT, Christian, ESTABLET, Roger. *L'École capitaliste en France*. Paris: Maspero, 1971.

BAUDELOT, Christian, ESTABLET, Roger, MALEMORT, Jacques. *La petite bourgeoisie en France*. Paris: Maspero, 1974.

CARVALHO, Marta Maria Chagas de. *A Escola e a República*. São Paulo: Brasiliense, 1989.

CASPER, Gerhard, VON HUMBOLDT, Wilhelm. *Um mundo sem Universidades?*; tradução de Johannes Kretschmer e João Cezar de Castro Rocha. 2ª edição. Rio de Janeiro: UERJ, 2003.

COMTE, Auguste. *Catecismo positivista*; tradução de Miguel Lemos. São Paulo: Abril Cultural, 1973.

DANTAS, San Tiago. *Figuras do Direito*. Rio de Janeiro: José Olympio Editora, 1962.

DURANT, Will. *A filosofia de Herbert Spencer*; tradução de Maria Theresa Miranda. Rio de janeiro: Editora Tecnoprint Ltda, s/d.

DUVERGER, Maurice. *Sociologia Política*; tradução de Maria Helena Kuhner. Rio de Janeiro: Forense, 1968.

FERNANDES, Florestan. *Ensaios de sociologia geral e aplicada*. São Paulo: Livraria Pioneira Editora, 1960.

GEBARA, Ademir. *1869/1875: republicanismo, imprensa e sociedade*. São Paulo: FFLCH/USP, 1975.

HARNECKER, Marta. *Los conceptos elementales del materialismo histórico*. 3ª edição. México: Siglo XXI, 1970.

LOURENÇO FILHO, Manuel Bergström. "Prefácio". In: DOMINGUES, Octavio. *A hereditariedade em face da educação*. São Paulo: Ed. Melhoramentos, 1929.

LOURENÇO FILHO, Manuel Bergström. *A Pedagogia de Rui Barbosa*. São Paulo: Ed. Melhoramentos, 1956.

MANCERON, Gilles. *1885: le tournant colonial de la République*. Paris: La Découverte Poche, 2007.

MANNHEIM, Karl. *Sociologia sistemática*; tradução de Marialice Mencarini Foracchi. São Paulo: Livraria Pioneira Editora, 1962.

MARCO, Nélio. *O que é darwinismo?* 3ª edição. São Paulo: Ed. Brasiliense, 1993.

MONARCHA, Carlos. *Escola Normal da Praça: o lado noturno das luzes*. Campinas: Editora da UNICAMP, 1997.

NABUCO, Joaquim. *O abolicionismo*. Rio de Janeiro: Vozes, 1977.

NICOLET, Claude. *Le radicalisme*. 5ª edição. Paris: Presses Universitaires de France, 1983.

NOGUEIRA, Maria Alice Nogueira; Catani, Afrânio (orgs.). *Pierre Bourdieu. Escritos de Educação*; tradução de Vera S. V. Falsetti e José Carlos Garcia Durand. 3ª edição. Petrópolis: Vozes, 2001.

PENTEADO, José de Arruda. *A consciência didática no pensamento pedagógico de Rui Barbosa*. São Paulo: Cia. Editora Nacional, 1984.

POULANTZAS, Nicos. *Pouvoir politique et classes sociales*. Paris: Ed. Maspero, 1968, 2 v.

POULANTZAS, Nicos. *Les classes sociales dans le capitalisme d'aujourd'hui*. Paris: Éditions du Seuil, 1974.

QUEIRÓS, Maurício Vinhas de. *Paixão e morte de Silva Jardim*. Rio de Janeiro: Civilização Brasileira, 1967.

ROMANELLI, Otaíza de Oliveira. *História da educação no Brasil*. 13ª edição. Petrópolis: Vozes, 1991.

SALES, Alberto. *A pátria paulista*. Campinas: Gazeta de Campinas, 1887.

SALES, Alberto. *O ensino público*. São Paulo: Tipografia Espíndola, Siqueira e Cia, 1901.

SALES, Alberto. O governo popular. *Revista do Brasil*, São Paulo, ano 6, v. 18, n. 72, set.- dez. de 1921.

SAMARA, Eni de Mesquita. *A família brasileira*. São Paulo: Ed. Brasiliense, 1993.

SCHWARZ, Roberto. As ideias fora do lugar. *Estudos Cebrap*, São Paulo, n. 3, 1973.

SNYDERS, Georges. *Escola, classe e luta de classes*; tradução de Leila Prado. 2ª edição. São Paulo: Centauro Editora, s/d.

SNYDERS, Georges. *Para onde vão as pedagogias não-diretivas; tradução de Vinicius Eduardo Alves*. 3ª edição. São Paulo: Centauro Editora, 2001.

TEIXEIRA, Anísio. *Educação não é privilégio*. Rio de Janeiro: José Olympio Editora, 1957.

TEIXEIRA, Anísio. *Pequena introdução à filosofia da educação: a escola progressiva ou a transformação da Escola*. 5ª edição. São Paulo: Cia. Editora Nacional, 1967.

THIBAUDET, Albert. *La République des Professeurs, suivi de Les Princes lorrains*. Paris: Hachette, 2006.

TOBIAS, José Antônio. *História da Educação Brasileira*. 3ª edição. São Paulo: IBRASA, 1986.

****

9 798564 965866